조선 성리학의

서신논변

-퇴계와 고봉,
율곡과 우계-

저자 고성주

책 머 리

성리학은 조선시대에 주류를 이룬 철학적인 학문으로서 인간의 마음을 이해하는 것을 핵심 내용으로 하고 있다. 그 이유는 사단칠정의 내용을 검토한다는 것은 조선 성리학의 논변에 대한 중심 주제를 검토하는데 절대적으로 필요하기 때문이다. 성리학에 따르면 맹자의 성선설을 받아들여 사람은 태어나면서부터 선하게 태어난다고 한다. 어떠한 사람이든 선한 행동을 하는 것을 설명함에 있어서 성리학에서는 그것을 선천적인 원인, 필연적인 까닭이 있다고 보는 것이다. 뿐만 아니라 성리학에서는 세상 만물이 존재하는 것을 설명함에 있어 일정한 법칙과 그 법칙을 실행하는 에너지가 있다고 주장한다.

사람이 행동하는 것 역시 세상 만물의 존재 범위를 벗어나지 않는다. 사람이 행동한다고 할 때 그 사람은 어떠한 마음, 즉 감정을 가지고 행동을 하게 된다. 성리학은 이처럼 사람의 감정이 어떻게 해서 존재하게 되는가를 설명한다. 세상만물을 설명하는 방식과 마찬가지로 성리학에서는 감정을 설명하는 데 있어 일정한 법칙과 그 법칙이 드러나도록 하는 에너지의 존재를 특정한 개념으로 정의한다. 그 개념에 해당하는 것은 이(理)와 기(氣)의 개념이다.

국내에서 조선성리학에 대한 연구는 성리학자들의 이론들을 요약, 정리한 뒤 서로 비교하는 방식을 취하는 것이 대 부분이었는데 본고에서는 조선성리학의 대표적 논변인 사단칠정논변과 인심도심논변에 대한 개념적 분석과 논리적 분석으로, 그 논변들의 철학적 의미와 가치를 평가하고 이 논구의 과정을 통해서, 논변들의 철학사적 의미와 가치에 대해서도 고찰해 보았다. 본 논구는 16세기 조선성리학의 대표적 논변들인 사단칠정 논변과 인심도심 논변에 대한 개념적 분석과 논리적 분석을 통해, 그 논변들이 지니는 철학적 의미와 가치를 평가 할 것이다.

퇴계와 고봉의 사단칠정 논변에 대한 분석을 통해 퇴계는 '소취이언(所就而言)'이라 하여 리와 기가 실제로 분리되는 것이 아니라 개념적으로 구분된다고 말하고 있는데 반해, 고봉은 '소종래(所從來)'라는 표현을 강조함으로써 퇴계가 그것들을 실제로 분리되는 것으로 간주하여, 그들의 의견이 일치되지 않는 것을 이해 할 수 있다. 퇴계와 고봉과의 논변은 성리학의 용어로 이루어져 있는데 이(理), 기(氣)와 같은 개념을 심도 있게 살펴 그들이 벌이는 양자의 논변을 이해하고자 한다.

그리고 율곡과 우계의 도심과 인심의 관계가 사단과 칠정이나 본연지성과 기질지성의 관계에도 그대로 적용되는가, 그리고 이황의 '리기호발설(理氣互發說)'이승인 될 수 있는가에 대해 살펴보았다.

우계는 도심과 인심은 물론이고 사단과 칠정도 '순리'와 '순기'의 관계를 갖는다고 주장하는 반면에, 율곡은 도심과 인심이 '주리'와 '주기'의 관계를 갖지만 사단과 칠정은 그렇지 않다고 주장하였다. 그들이 동일한 심성론적 요소들을 서로 다른 기준을 통해 규정하고 그 규정들이 각각 함축하는 의미와 차이점도 자세히 살피고자 한다.

　율곡이 "사단(四端)은 리가 발함에 기가 따르고, 칠정(七情)은 기가 발함에 리가 탄다〔四則理發而氣隨之, 七則氣發而理乘之〕."는 '리기호발설'의 전반부를 거부하면서 후반부를 인정하는 이유까지 살필 것이다. '리기선후'와 '리기호발'의 의미와 문제성을 세밀하게 분석하고, 그에 대한 반론으로 이이가 주장하는 '리기무선후'와 '기발리승일도'가 과학적 측면이나 심리철학적 측면에서 설득력이 있다는 결론에 도달하게 된다.

목   차

1부 논변의 예비 고찰

1. 맹자의 사단

　중국 고대 전국시대의 제자백가 사상가였던 맹자孟子(BC 372-289)는 처음으로 사단(四端)이라는 용어를 직접 언급했는데, 『맹자孟子』, 「공손추公孫丑」 상편과 「고자告子」 상편에서 사단 개념을 두 차례 사용하였다. 퇴계 이황과 고봉 기대승의 논쟁에 수시로 등장하는 사단 개념의 출처는 바로 위의 대목이기 때문에, 사단이라는 용어가 등장하는 순서대로 먼저 『맹자』, 「공손추」 상편의 의미를 살펴보겠다. 맹자는 사단의 마음을 설명하기에 앞서 먼저 불인인지심(不忍人之心)에 대해 해명하고 있다.

　맹자께서 말씀하셨다.

> 사람들은 모두 남에게 잔인 하지 못하는 마음[不忍人之心]이 있다. 선왕先王께서는 남에게 잔인 하지 못하는 마음을 가지시고 곧 남에게 잔인 하지 못하는 정치를 하셨다. 남에게 잔인 하지 못하는 마음을 가지고 남에게 잔인 하지 못하는 정치를 하면, 천하를 다스리는 것은 손바닥 위에 놓고 움직일 수 있을 것이다.[1]

　맹자는 모든 사람에게는 다른 타인을 함부로 대하지 못하는 마음인 불인인지심이 있다고 말한다. 맹자는 이곳에서 심이라고 표현했지만 그

---

1) 孟子, 「公孫丑」상 6장, 孟子曰 人皆有不忍人之心 先王有不忍人之政矣 以不忍人之心 行不忍人之政 治天下 可運之掌上.

가 말한 불인인지심은 달리 말하면 타인에게 함부로 잔혹하게 대하지 못하는 감정 상태라고 할 수 있다. 타인에게 차마 함부로 대하지 못하는 마음이 인간에게 선천적으로 주어져 있다고 생각했던 맹자는 당시 제후국에서 군주들을 만나 유세할 때 인간의 심성에 대한 자신의 견해를 설득하려고 시도했다. 불인인지심에 대한 좀 더 상세한 설명은 '곡속장'이라고도 불리는 「양혜왕梁惠王」上편 7章에 등장한다. 그 내용을 이곳에서 함께 살펴보면 다음과 같다.

제선왕(齊宣王)이 대청마루에 앉아 있는데 우연히 소를 끌고 가는 신하를 보았다. 제선왕은 소를 어디로 데려가는지 물었다. 당시 호흘이라는 신하는 흔종[종에 피를 바르는 의식]에 쓰기 위해 소를 데려간다고 답하자 제선왕은 "두려워 벌벌 떠는 모습이 마치 죄 없이 사지로 끌려가는 것 같아 차마 볼 수가 없구나"라고 말하며 소를 풀어주라고 명했다. 소를 끌고 가던 자가 흔종 의식 자체를 폐할지 물으니 제선왕은 소가 아닌 양으로 대체하라고 답한다. 두려움에 떠는 소가 사지로 끌려가는 모습을 차마 보지 못하는 마음이 곧 맹자가 강조하려고 했던 불인인지심의 분명한 사례라고 할 수 있다. 살아있는 것을 차마 죽이지 못하는 이러한 마음을 맹자는 인간이 타고난 선천적 경향의 마음이라고 보았던 것 같다. 소를 살려두라고 한 제선왕을 두고서 맹자는 '왕께서 차마 함부로 하지 못하는 마음을 갖고 있다'는 것을 알 수 있다고 강조했다[2]

---

2) 孟子「梁惠王」上 7章, 曰 若寡人者 可以保民乎哉? 曰 可 曰 何由知吾可也 曰 臣聞之胡齕曰 王坐於堂上 有牽牛而過堂下者 王見之 曰 牛何之? 對曰 將以釁鍾 王曰 舍之 吾不忍其觳觫 若無罪而就死地 對曰 然則廢釁鍾與? 曰 何可廢也 以羊易之 不識有諸? 曰 有之 曰 是心足以王矣 百姓皆以王爲愛也 臣固知王之不忍也 王曰 然 誠有百姓者 齊國雖褊小 吾何愛一牛? 卽不忍其觳觫 若無罪而就死地 故以羊易之也 曰 王無異於百姓之以 王爲愛也 以小易大 彼惡知之? 王若隱其無罪而就死地 則牛羊何擇焉? 王笑曰 是誠 何心哉 我非愛其財而易之以羊也 宜乎百姓之謂我愛也 曰 無傷也 是乃仁術也 見牛 未見羊也 君子之於禽獸也 見其生 不忍見其死 聞其聲 不忍食其肉 是以君子遠庖廚

선왕은 앞선 역대의 왕들을 모두 의미하는 것이 아니라 이상적인 정치 지도자이면서 동시에 유학자들의 수양 목표인 성인이 된 자를 의미하기도 한다. 맹자는 바로 이상적인 정치 지도자로서 선왕의 개인적 차원의 마음을 확장해서 정치 영역에까지 넓게 적용할 수 있다고 보았다. 맹자는 성인의 예시를 빌어 불인인지심(不忍人之心)의 마음을 바탕으로 정치를 행한다면, 곧 천하를 다스리는 일조차 손바닥 위에 올려놓은 것처럼 쉽게 행할 수 있을 것이라고 말한다. 이는 곧 불인인지심의 마음으로 불인인지정(不忍人之政)의 정치를 행하라는 말이기도 했다.

맹자가 이 대목에서 성인으로서의 선왕을 자주 언급하는 이유는, 인간이 타고난 성(性)을 온전하게 충분히 다 실현한 이상적인 삶의 모델이 바로 성인이었기 때문이다. 불인인지심한 개인의 마음을 정치로까지 확장하고 결국 천하의 모든 사람과의 관계에서 적용할 수 있다는 것은, 맹자가 보기에 인간이 타고난 성의 잠재성을 온전하고 충분하게 발휘한 가장 이상적인 삶의 모습으로 간주되었다.

그렇다면 맹자는 성인이 아닌 다른 일반적인 사람들에게도 불인인지심과 유사한 마음이 주어져 있다고 보았던 것일까? 맹자가 성인이자 정치가인 군주에게는 '불인인지심'과 '불인인지정'의 가능성을 설파했다면, 일반 백성들의 경우에게는 인간 마음의 선천적 경향성을 다음과 같은

也 王說 曰 詩云 他人有心 予忖度之 夫子之謂也 夫我乃行之 反而求之 不得吾心 夫子言之 於我心有戚戚焉 此心之所以合於王者 何也?

네 가지 가능성의 사례로 설명하고 있다.

> 사람들이 갑자기 어린아이가 장차 우물에 빠지려는 것을 보고는 모두 두려워하고 측은해 하는 마음을 가지니, 이는 어린아이의 부모와 교분을 맺으려고 해서도 아니며, 마을 사람들과 친구들에게 칭찬이나 명예를 구해서도 아니며, 어린아이를 구하지 않았을 경우에 듣게 될 비난을 싫어해서 그런 것도 아니다. 이로 말미암아 본다면 측은지심이 없으면 사람이 아니며, 수오지심이 없으면 사람이 아니며, 사양지심이 없으면 사람이 아니며, 시비지심이 없으면 사람이 아니다.[3]

어린아이가 물에 빠지려는 위험한 상황을 목격하는 것은 우리가 실제 현실에서 어렵지 않게 겪을 수 있는 경험적 사례의 하나라고 할 수 있다. 맹자는 구체적 사건들의 경험 가능성에 주목하면서, 우리에게는 모두 타인의 아픔과 고통에 대해 두려워하고 측은해하는 마음이 있다고 강조한다. 마음의 특정한 상태는 곧 감정이므로 불인인지심과 마찬가지로 측은지심은 측은하게 여기는 감정이라고 할 수 있는데, 이런 마음과 감정이 누구에게나 주어져 있다고 보는 측면에서 이러한 측은한 감정의 보편성을 강조했다고 볼 수 있다. 그런데 맹자는 이 두렵고 측은한 마음이 어린아이의 부모와 친분을 쌓으려고 하거나 타인이 치켜세워주는 칭찬을 듣고 싶어서가 아니었다는 점을 강조한다.

---

3) 孟子 「公孫丑」上 6章, 所以謂'人皆有不忍人之心'者 今人乍見孺子將入於井 皆有怵惕惻隱之心 非所以內交於孺子之父母也 非所以要譽於鄉黨朋友也 非惡其聲而然也 所以謂'人皆有不忍人之心'者 今人乍見孺子將入於井 皆有怵惕惻隱之心 非所以內交於孺子之父母也 非所以要譽於鄉黨朋友也 非惡其聲而然也 由是觀之 無惻隱之心 非人也 無羞惡之心 非人也 無辭讓之心 非人也 無是非之心 非人也

뿐만 아니라 어린아이를 구하지 않았다면 받게 될 비난을 피하기 위한 의도적인 목적 때문에 어쩔 수 없이 아이를 측은하게 여기는 마음이 생긴 것도 아니라고 해명한다. 말하자면 어떤 종류의 이해타산적인 계산이 끼어들 틈도 전혀 없이 아이가 우물에 빠지려는 상황을 보자마자 우리에게는 즉각적이고 자연발생적으로 측은한 마음이 발생한다는 점을 맹자는 강조했던 것으로 보인다.

그런데 우리는 위에서 살펴본 제선왕의 사례와 유자(孺子)의 사례에서 비슷한 사유패턴이 등장하는 것을 발견할 수 있다. 어떤 특정한 상황을 보고 난 다음 그 상황에 놓여있는 대상에 대한 인식, 판단(judgement), 평가(evaluation) 혹은 믿음, 해석, 예측 등과 같은 일종의 인지적 성격의 요소들이 감정을 구성하여 발출되었다고 본 점이다. 제선왕의 경우를 다시 살펴보자. 제선왕은 끌려가는 소를 목격했다. 소를 보았다는 것은 특정하고도 구체적인 상황이 내 앞에 펼쳐졌다는 것을 의미한다.

그는 소를 끌고 가는 신하에게 소를 어디로 데려가는지 물었다. 물음의 형식을 빌어서 지금 내가 마주한 상황에 대해 판단하기 위함이었다. 흔종 의식을 치루기 위해 소를 잡으러 가는 것이라는 말을 듣자마자 제선왕은 '이 소가 죽음의 기로 앞에 서 있다는 것을 스스로 알고 벌벌 떨고 있구나.'라고 이 상황을 판단한다. 이러한 판단 이후에 제선왕에게는 두려워하고 있는 소에 대한 공감과 더불어 '죄 없이' 죽을 소에 대한 측은한 마음이 생겨난다. 이때 측은한 마음은 크고 비싼 소가 아닌 상대적으로 작고 저렴한 양으로 바꿔서 재물을 아끼려는 목적과는 아무 상관없이 소가 처한 상황에 대한 공감과 판단이 끝나자마자 즉각적으로 발동한 것이었다.

특히 제선왕은 소가 아무런 죄가 없는데도 흔종 의식이라는 [소에게는] 불합리한 이유로 어쩔 수 없이 죽게 되었다고 판단한다. 측은한 마음이 발생함에 따라 제선왕은 소가 아닌 양으로 흔종 의식에 쓰일 대상을 바꾸라고 명령한다.

유자의 예시에도 비슷한 맥락이 함축되어 있다. 어린아이가 물에 빠지면 스스로 자신을 구하거나 대처할 수 있는 능력이 없다는 것을 알아차렸기 때문에 어린아이가 다칠까 두려워하는 마음, 어쩔 줄 모르고 두려워하며 아파하는 마음이 즉각적으로 발동한 것이라고 볼 수 있다. 만약 우물가에 빠질 것같이 보이는 대상이 유능한 수영선수였거나 혹은 물을 마시기 위해 걸어 놓았던 양동이였다면 그 사람이 혹은 그 대상이 물에 빠질 때 우리에게 측은한 마음이 발생했을까? 측은한 마음이 들었던 것은 뛰어난 수영선수도, 사물로서의 양동이도 아닌 '어린아이'가 물에 빠지려는 상황을 목격했기 때문이라고 말할 수 있다.

이 말은 곧 측은지심이 발동한다는 것은 언제나 구체적으로 그 대상과 상황에 상응하면서 발생하는 일이라는 것을 의미한다. 그 구체적인 대상과 상황을 순간적으로 감지하고 판단한 내가 측은한 마음을 갖게 되는 것이다.

맹자가 이 구절에서 직접 언급하지는 않았지만 만약 아이가 물에 빠지려는 상황에서 그 상황에 곧장 대처할 수 있는 아이의 보호자가 아이 바로 곁에 있었다면 나는 이와 같은 우발적인 상황에 대해 잠깐의 놀라움 이상의 측은한 마음을 갖지 않았을 것이다. 유자 사례에서는 제선왕의 사례와 다르게 어린아이를 보고 측은지심을 느낀 사람이 그 마음을 빌어서 어떤 특정한 행위를 하고 있다는 언급이 명시적으로 등장하지 않았다. 아마도 이것은 실제 벌어진 사건이 아닌 맹자 식의 일종의 사고思考 실험이었기 때문일 것이다.

다만 전체적인 구성과 맥락이 비슷한 사유 패턴으로 이루어진 것으로 보아서, 아마도 맹자는 '죄없는 어린아이'가 죽을지도 모르니 구해야 한다는 마음을 누구나 느낄 것이라는 점을 '유자입정' 사례의 유사한 근거로 사용한 것으로 짐작된다. 요컨대 맹자가 말하는 불인인지심, 측은지심, 즉 타인에 대해 아파하고 두려워하는 공감의 마음은 마주한 상황에 대한 인지적 판단이 함축된 마음이면서 동시에 특정한 행위를 하게끔 만드는 동기로 작용하는 마음이라고도 할 수 있다. 그렇다면 맹자가 강조한 위와 같은 마음을 어떻게 설명할 수 있을까?

맹자는 곧장 측은지심과 같은 마음 혹은 이러한 감정이 없다면 '사람이 아니다〔非人也〕'라고 표현하면서, 이런 마음이야말로 인간을 인간답게 만드는 것이라고 강조한다. 측은지심, 수오지심, 사양지심, 시비지심이 없을 때 사람은 사람이라고 불릴 만한 가장 핵심적인 마음 혹은 감정을 지니지 못한다고 본 것이다. 상황에 대한 즉각적인 직관적 판단, 그리고 그러한 판단과 더불어 발생하는 자연스런 감정을 갖지 못하는 자는 인간이라고 할 수 없다는 것이다. 맹자는 바로 이러한 마음을 기준으로 동물과 인간을 구별하고자 한다. 인간이 다른 동물과 구별되는 것은 바로 이러한 직관적 판단능력과 공감의 감정이 있기 때문이라고 본 것이다.

 이 마음들은 인간을 인간으로 만들어주는 최소한의 조건이라고 할 수 있다. 또한 맹자는 이러한 마음이 인간에게 특정한 행위를 하도록 추동한다고 보았던 것 같다. 제선왕이 소가 아닌 양으로 바꾸라고 명령한 것, 아이를 구해야 한다고 생각한 것 등은 모두 특정한 방향의 행위를 전제한다. 우리가 측은해하면서도 소가 흔종 의식에 쓰이도록 모르는 척하거나 아니면 물에 빠질 것 같은 아이를 측은해하기만 할 뿐 도와주려고 하지 않고 무심히 지나쳐버릴 때 우리 마음에서는 그것을 저지하거나 괴로워하도록 만드는 일정한 경향성, 어떤 마음의 경향성이 작동하고 있다고 본 것 같다. 맹자는 측은지심의 마음 이면에 이러한 공감의 감정을 발생시키는 더 강한 근원, 마음의 근거가 있다고 강조하면서, 그것을 바로 인의예지(仁義禮智)의 본성[性]이라고 설명한다. 인의예지 사덕(四德)과 측은·수오·사양·시비 등의 사단(四端)을 함께 설명하는 다음 대목을 살펴보자.

측은지심은 인仁의 단서이고, 수오지심은 義의 단서이고, 사양지심은 禮의 단서이며, 시비지심은 지智의 단서이다. 사람이 이 사단을 가지고 있는 것은 사람이 사지[四肢=四體]를 가지고 있는 것과 같으니, 이 사단을 가지고 있으면서도 스스로 인의를 행할 수 없다고 말하는 자는 자신을 해치는 자요, 자기 군주가 인의를 행할 수 없다고 말하는 자는 자기 군주를 해치는 자이다. 무릇 나에게 있는 사단을 모두 넓혀서 채워나갈 줄 알면, 마치 불이 처음 타오르며 샘물이 처음 나오는 것과 같아서, 처음에는 미미하지만 끝에 가서는 기세가 대단할 것이다. 진실로 이것을 확충(擴充)시킨다면 온 천하도 보호할 수 있겠지만, 진실로 이것을 확충시키지 못한다면 부모조차도 섬길 수 없을 것이다.[4]

맹자는 사람이라면 누구나 갖고 있다고 본 측은지심과 같은 보편적인 감정들을 네 가지의 드러난 단서, 즉 사단이라고 분명하게 설명한다. 사단이라는 말에도 이미 함축되어 있듯이 이것은 겉으로 드러난 단서이자 구체적인 감정들을 의미한다. 말하자면 맹자가 가정한 내재적으로 선한 본성인 인의예지가 우리 마음 안에 있음을 겉으로 보여주는 일종의 실마리, 단서라고 본 것이다.

측은지심, 수오지심, 사양지심, 시비지심은 각각 인과 의, 그리고 예와 지라는 본성이 마음 안에 있음을 보여주는 구체적인 단서라고 할 수 있다. 맹자는 사람이 사단의 마음을 가지고 있는 것은 마치 두 팔과 두

---

4) 孟子 ,「公孫丑」上 6章 惻隱之心 仁之端也 羞惡之心 義之端也 辭讓之心 禮之端也 是非之心 知之端也 人之有是四端也 猶其有四體也 有是四端而自謂不能者 自賊者也 謂其君不能者 賊其君者也 凡有四端於我者 知皆擴而充之矣 若火之始然 泉之始達 苟能充之 足以保四海 苟不充之 不足以事父母.

다리를 갖고 있는 것과 마찬가지라고 자연스럽고 보편적인 현상이라고 강조한다. 맹자에게는 인간이라면 누구나 선천적으로 타인의 아픔에 공감하면서 함께 측은해하는 마음을 갖고 있고, 그러한 측은지심의 마음 혹은 공감하는 감정이 선천적으로 주어진 본성에서 발출되어 나오는 자연스런 감정의 일종이었다고 할 수 있다.

하지만 '사단은 본성이 드러난 단서'라고 하는 맹자의 주장은 오늘날 우리에게는 그렇게 설득력 있는 주장이 아닐 수도 있다. 맹자의 논의는 얼핏 보면 마치 경험할 수 있는 사단의 감정으로부터 눈에 보이지 않는 잠재적 경향의 본성으로 거슬러 올라가는 것처럼 보이지만, 결과적으로 성이 존재하지 않는다면 사단 또한 존재할 수 없다는 점에서, 맹자의 사단론은 이미 본성이 분명하게 존재한다는 가장 하에 구성된 이론이라고 볼 수 있다. 따라서 우리는 맹자에게 당신이 전제한 성이라는 것이 실제로 있는가를 물을 수밖에 없다.

하지만 맹자가 강조한 성은 논증으로 입증할 수 있는 대상이 아닐뿐더러 이미 맹자의 인성론에서 전적으로 확실한 도덕적, 존재론적 위상을 부여받고 있다. 따라서 맹자의 주장을 과격하게 한마디로 요약하면 '인간은 이미 그렇게 태어나 버렸다. 그러므로 누구에게라도 측은지심 같은 사단이 있다.'라고 간략하게 정리할 수도 있다. 그런데 사단은 이러한 굳건한 위상을 가진 본성을 온전히도 아니고 오히려 살짝 보여주는 아주 작은 단서, 아주 미미한 실마리 정도에 지나지 않는다고 볼 수도 있다. 그러므로 사덕과 사단의 관계만으로는 맹자가 말하고자 하는 본성과 윤리적 감정의 관계를 해명하기에 다소 부족해 보인다.

이제 「공손추」 상편과 상호 보완관계에 있는「고자」로 넘어가서, 「고자」편에 서술된 본성에 맹자의 해명을 살펴보는 것이 좋을 듯하다. 맹자께서 말씀하셨다. "그 情으로 말하면 선하다고 할 수 있으니, 이것이 내가 말하는 善하다는 것이다. 불선(不善)을 하는 것으로 말하면 타고난 재질의 죄가 아니다. 측은지심을 사람마다 다 가지고 있으며 수오지심을 사람마다 다 가지고 있으며 사양지심을 사람마다 다 가지고 있으며 시비지심을 사람마다 다 가지고 있으니, 측은지심은 仁의 단서이고, 수오지심은 義의 단서이며, 공경지심[사양지심]은 禮의 단서요 시비지심은 智의 단서이다.5)

첫 줄에서 말하는 정은 결국 사단과 유사한 의미를 가진 선한 감정을 의미한다. 여기서 먼저 눈여겨보아야 하는 것은 '선'이라는 단어의 등장인데, 「공손추」 상편에서는 따로 등장하지 않았던 사단의 성격이「고자」상편에서는 분명하게 선한 것으로 규정되어 등장하고 있다. 「공손추」상편과 「고자」 상편의 내용은 상호 연관되어 있기 때문에 우리는 앞선 예시들에 등장한 마음, 감정에 대해서도 이제 맹자가 선하다고 판단했을 것으로 추론해볼 수 있다. 제선왕이 소를 보고 측은해한 것, 우물에 빠질 것 같은 아이를 보며 측은한 감정이 들었던 것은 맹자가 보기에 모

---

5) 孟子 「告子」上 6章, 孟子曰 乃若其情則可以爲善矣 乃所謂善也 若夫爲不善 非才之罪也 惻隱之心 人皆有之 羞惡之心 人皆有之 恭敬之心 人皆有之 是非之心 人皆有之 惻隱之心 仁也 羞惡之心 義也 恭敬之心 禮也 是非之心 智也

두 선한 감정들이다.

이러한 선한 감정들은 무엇을 계산하거나 이해타산적인 목적을 위해 생겨난 것이 아니라 어떤 특정한 상황을 마주하자마자 즉각적으로 발생하는 자연적인 감정이었다고 볼 수 있다. 그런데 우리는 앞서 사단의 마음들이 본성이 존재함으로 보여주는 실마리 같은 것이라고 이해했다. 본성이 있음을 보여주는 사단이 선한 것이라면, 본성 그 자체는 말할 것도 없이 선하다고 볼 수 있다. 이는 곧 맹자의 다음구절과도 자연스럽게 이어진다. 맹자는 우리에게 주어져 있는 성이 선하기 때문에 불선하게 된 것은 우리가 타고난 것의 죄[才之罪]가 아니라고 말한다.

이 말은 '선한가, 불선한가'를 구분하는 기준이 우리가 부여받았다고 보는 성과는 다른 차원에 있다는 것을 내포한다. 미리 언급하자면 선과 불선의 여부는 드러난 감정의 차원에서 다뤄질 수밖에 없다. 맹자는 「고자」편에서 사단은 인간이라면 누구에게나 있는 것이며, 선한 본성인 인의예지가 각각 측은지심, 수오지심, 공경지심, 시비지심이라는 선한 감정으로 자신을 드러난다고 다음과 같이 설명하고 있다.

> 인의예지는 밖으로부터 나를 녹여[나에게 침투해] 들어오는 것이 아니고 내가 본래 소유하고 있는 것이지만 사람들이 생각하지 않아서 모를 뿐이다. 그러므로 말하기를 '구하면 얻고 버리면 잃는다 구즉득지(求則得之) 사즉실지(舍則失之)'라고 하는 것이니 혹은 [선과 악의] 차이가 서로 倍가 되고 다섯 배가 되어서 계산할 수 없음에 이르는 것은 타고난 재질을 다하지 못했기 때문이다.[6]

---

6) 孟子「告子」上 6章, 仁義禮智 非由外鑠我也 我固有之也 弗思耳矣 故曰 求則得之

性이 무엇인지 구체적인 설명을 하지 않았던 맹자는 이제 성이 '나' 자신의 밖에 별도로 있어 '나'에게 침투해 들어오는 대상이 아니라 내가 본래부터 고유하게 가지고 있는 것이라고 설명한다. 맹자에 따르면 성은 나에게 이미 주어져 있는 것이지만, 사람들은 성이 나에게 있는지를 잘 모르고 있다.

우리가 집중해서 보아야 하는 구절은 바로 그 다음 구절, "그러므로 구하면 얻고 버리면 잃는다"라는 대목이다. 여기서 "구하면 얻는다"는 표현에 대한 해석이 필요할 듯하다. 구해야 할 대상, 이 문장의 주어를 성으로 본다면 나 자신이 설사 나에게 성이 있다는 사실을 자각하지 못한다고 하더라도 이미 나에게 있는 것을 어떻게 다시 구하려고 한단 말인가? 그리고 구해야 한다면, 도대체 나에게 본래 고유하게 갖춰진 성이라고 말하는 것은 무슨 의미가 있는가? 이런 의문이 들 수 있다.

바로 이 점과 관련해서는 「공손추」상편에 등장했던 '확충한다'는 맹자의 표현을 눈여겨 볼 필요가 있을 것 같다. "진실로 이것을 확충시킨다면 온 천하도 보호할 수 있겠지만, 진실로 이것을 확충시키지 못한다면 부모조차도 섬길 수 없을 것이다."[7] 이 대목에서 맹자가 말한 '확충'의 의미는 어떤 감정이나 마음을 더욱 넓히고 확장해서 가득 채워나간다는 의미를 담고 있다. 넓혀야 하고 채워나가야 한다는 점에서 확충이란 이

舍則失之 或相倍蓰而無算者 不能盡其才者也
[7] 孟子 「公孫丑」上 6章, 凡有四端於我者 知皆擴而充之矣 若火之始然 泉之始達 苟能充之 足以保四海 苟不充之 不足以事父母

미 확정되고 고정되어 더 이상 손 쓸 수 없이 완결된 것을 의미하기보다는 앞으로 해나가야 할 특정한 방향성과 목표를 함축한다고 볼 수 있다.

나에게는 분명 성이라는 것이 있지만, 이때의 주어진 성은 이미 갖고 있으니 신경 쓸 필요 없이 내버려 둘 성질의 것이 아니라 오히려 적극적으로 넓히고 채워나가야 할 잠재적인 무엇이라고 볼 수 있다. 다시 말해 맹자에게 성은 타고난 잠재성으로 주어진 것으로서 아직 현실화되지는 않았지만 앞으로 넓히고 채워나가는 인간의 노력을 통해서 구해야 할, 즉 구현해야 하는 것으로 간주되었다.

이제 우리는 맹자가 왜 과거의 이상적인 선왕들을 자주 인용했는지, 그리고 왜 항상 당위적인 어투로 "해야 한다"고 주장하는지 이해할 수 있다. 맹자가 사단을 통해 말하고자 했던 바는 단순히 사단이 성의 순선함을 보여주는 단서임을 입증하고자 한 것도 아니고, 사단이 왜 또는 어떻게 도덕적인 감정일 수 있는지를 납득시키고자 했던 것도 아니었다. 오히려 맹자는 인간이 선한 마음을 느끼고 도덕적인 행위를 할 수 있다고 낙관했으며 그 구체적인 예시로 사단의 경험을 들었다고 해석해 볼 수 있다.

다시 말해 맹자는 인간이란 존재가 선한 행위를 할 수 있는 잠재성의 상태로 태어났다고 보았고 그 잠재성을 어떻게 하면 더 잘 실현시킬 수 있을 것인가에 몰두했다고 볼 수 있다. 타고난 잠재성이 구체적으로 어떤 사태와 만나 현실화된 경우의 사례를 사단이라고 짚어냄으로써 맹자는 인간의 타고난 잠재성을 긍정했다. 또한 선왕이라는 이상적 모델을 제시하면서 보통 사람들도 그 목표를 향해 노력하면서 자신들에게 주어진 보편적인 잠재성을 현실적으로 더 넓히고 채워갈 수 있도록 독려했다고 볼 수 있다

자기 자신 혹은 타인에게 인의를 행할 수 없다고 말하는 자는 스스로와 타인을 해치는 자라고 비판했던 맹자의 말을 상기해보자. 맹자의 본의는 바로 '나와 타인이 가지고 있는 잠재성을 실현시킬 수 없다고 함부로 말하지 말라, 그 잠재성을 무심히 내버려 두지 말고 잘 키워나갈 수 있도록 독려해야만 한다.'에 있었을 것이다. 또한 맹자가 인간이 선하다고 했을 때 그 선은 우리가 도달해야 할 목적지까지 갈 수 있는 최소한의 조건이 잠재적으로 주어져 있다는 말이지 이미 우리가 목적지에 도착했다는 것을 의미하지는 않았다.

성이 잠재성이라면 불선이라는 말의 의미도 조금 달라질 수밖에 없다. 맹자가 말했던 다 실현하지 못했다[不能盡]라는 말에 주목해보자. 맹자에게 있어서 선함은 성이라는 잠재태가 온전히 실현되어야 할 이상적인 모습이다. 그리고 성은 그 모습 그대로 드러나는 것이 아니라 감정의 형태로 드러난다. 이런 맥락에서 보면 불선함은 성이라는 잠재태를 온전히 잘 드러내지 못했거나 감정의 차원에서 왜곡되거나 잘못된 방향으로 드러나는 것을 의미한다고 볼 수 있다. 이 논의에서 한 발짝 더 나

아가보면, 맹자가 제 아무리 '우리는 선한 잠재성을 타고 났다!'라고 독려한다고 해도, 개인에 따라 성을 선한 정의 모습으로 현실화시켜낼 수 있는 정도가 다를 것이다. 그 정도는 곧 한 개인의 심성 수준, 인품과 수양의 상태 등과 밀접히 연관될 수밖에 없다. 다시 말해 정은 개인이 느끼는 측은한 마음이기도 하지만 동시에 한 개체의 도덕적 수준을 보여주는 것이자 곧 다른 개체와 구별해주는 개별화의 요소로 작용하는 것이다.

어린아이가 물가에 빠지려는 상황으로 돌아가 보자. 어떤 사람은 아이가 빠지려는 순간 보자마자 측은한 마음이 들 수 있다. 반면 동일하게 위험하다고 판단하면서도 측은한 마음은커녕 별다른 생각이 없는 사람도 상상해볼 수 있다.

위험하다는 판단이 들자마자 곧장 뛰어들어 아이를 구하는 행동을 하는 사람도 있을 것이고 오히려 얼른 아이가 물에 빠지길 장난스럽게 혹은 음흉하게 지켜보고 있는 사람도 있을 것이다. 현실적으로 우리는 동일한 상황에서 당장 달려드는 사람보다는 그렇지 못한 사람들을 더 많이 만날 수도 있다. 위에 열거한 여러 경우의 사람들은 맹자에 따르면 분명 모두 동일한 성을 타고 났지만 그 성을 특정한 정으로 드러내는 것은 사람마다 각기 다를 수밖에 없다. 이러한 차이는 개인의 인품과 수양의 정도로 인한 것이기도 하다. 그렇다면 인간이 보편적으로 타고났다고 본 성이 정으로 드러난다고 보는 문제는 단지 본성의 형이상학적 동일성이란 측면에서만 국한되어 논의될 수 없다고 본다. 심성心性문제에서 조선 유학자들이 사람마다 다른 '감정'의 문제에 기민하게 반응하고 고민했던 것은 나름 중요한 의미가 있었던 것이 아닌가 생각한다.

2. 예기의 칠정과 중용의 희로애락

칠정七情이라는 말은 예기禮記 「예운禮運」편에서 처음 사용되었다. 다음 인용문은 칠정이 어떤 의미인지를 의(義)개념과 대비하여 설명하고 있다

> 무엇을 사람의 정情이라고 하는가? 희喜·노怒·애哀·구懼·애愛·오惡·욕欲일곱 가지는 배우지 않아도 할 수 있다[弗學而能]. 무엇을 일러 사람의 의義라고 하는가? 부모의 자애로움, 자식의 효성, 형의 어짊, 아우의 공경, 남편의 의로움, 아내의 따름, 어른의 은혜로움, 어린이의 순함, 임금의 인자함, 신하의 충성스러움 등 열 가지를 사람의 의라고 한다. 신의를 강구하고 화목을 닦는 것을 인리人利라 하며 싸우고 빼앗고 서로 죽이는 것을 인환人患이라 한다. 그러므로 성인이 사람의 칠정을 다스리며 열 가지의 의十義를 닦으며 신의를 강구하고 화목을 닦으며 사양辭讓을 숭상하며 쟁탈을 제거하는 방법에 예를 버리고 무엇을 가지고 다스리겠는가? 음식과 남녀의 성 생활은 사람들이 크게 바라는 바이요, 죽음과 가난, 고통은 사람들이 크게 싫어하는 바이다. 그러므로 욕망과 싫어함은 마음의 큰 단서[心之大端]이다. 사람이 그 마음을 감추는 것은 헤아리거나 잴 수 없으며, 아름다움과 추악함도 모두 마음속[在其心]에 있어서, 얼굴에 나타나지 않으니 한결같이 그런 점을 궁구하려면 예를 버리고 무엇으로 하겠는가?8)

---

8) 禮記 「禮運」, 何謂人情? 喜怒哀懼愛惡欲 七者弗學而能 何謂人義? 父慈 子孝 兄良 弟弟 夫義 婦聽 長惠 幼順 君仁 臣忠 十者謂之人義 講信修睦 謂之人利 爭奪相殺

칠정은 기쁨 · 화남 · 슬픔 · 두려움 · 애정 · 싫어함 · 욕구함으로 대표되는 인간의 대표적인 감정들을 통칭하는 용어다. 이때 핵심은 칠정이 배워서 익혀야 하는 종류의 감정이 아니라 인간이라면 누구나 가지고 있고 배우지 않아도 충분히 느끼고 행할 수 있는 감정이라고 본 점이다. 일곱 가지로 대표되는 칠정 중에서도 가장 핵심적인 것은 욕구함과 싫어함이라고 볼 수 있다. 원하는 것이 충족될 때 기쁘고, 싫어하는 것에 처할 때 두렵거나 슬픈 것처럼, 욕구함과 싫어함이라는 기본 감정이 나머지 감정들의 핵심이 되면서 상호 연관되어 있기 때문이다.

「예운」편의 저자도 식욕과 성욕은 인간이라면 가장 크게 욕구하는 것이고, 죽음, 가난, 고통은 가장 크게 싫어하는 것이므로, 욕구함과 싫어함을 칠정이라는 감정들의 가장 대표적인 예시로 설명하면서 마음의 큰 단서라고 표현하였다. 그는 왜 욕구함과 싫어함을 마음의 큰 단서라고 표현했던 것일까? 열 길 물속은 알아도 한 길 사람의 마음속은 모른다는 속담처럼, 사람의 마음이라는 것은 눈으로 직접 보거나 헤아릴 수 있는 성격의 것이 전혀 아니고 얼굴의 표정처럼 겉으로 드러나는 것도 아니기 때문일 것이다.

사단(四端)에서의 단이 인의예지라는 본성이 우리 안에 있음을 알게 해주는 것으로 겉으로 드러난 실마리라는 의미로 사용되었다면, 七情의

謂之人患 故聖人之所以治人七情 修十義 講信 修睦 尚辭讓 去爭奪 舍禮何以治之? 飲食男女 人之大欲存焉 死亡貧苦 人之大惡存焉 故欲惡者 心之大端也 人藏其心 不可測度也 美惡皆在其心 不見其色也 欲一以窮之 舍禮何以哉?

경우 드러난 감정이라는 의미로서의 단은 인간이라면 누구나 가지고 있는 선천적 욕구와 욕망을 보여준다는 점에서 차이가 난다. 이러한 칠정과 대비되어 등장하는 용어가 바로 열 가지의 의의 사례이다.

칠정이 선천적인 것으로 배우지 않아도 충분히 행할 수 있는 감정들이었다면, 의는 부모와 자식처럼 서로를 서로이게끔 만들어주는 인륜 관계에서 각자의 위치나 역할에 맞게 타당하게 행동할 수 있도록 하는 덕목으로서 반드시 배워야 할 것으로 간주되었다. 「예운」편의 저자는 신의를 강구하고 화목을 닦는 것이 인간의 이로움(人利)이고, 서로 쟁탈하고 죽이는 것을 인간의 큰 근심거리라고 강조하며, 인간의 이로움을 늘리기 위해서 칠정을 다스려야[治] 하는 대상으로 간주했고, 이와 달리 십의十義[9]는 열심히 닦아서[修] 더 키워내야 할 것으로 이해했다.

이때 칠정이 제멋대로 날뛰지 않게끔 잘 통제하고 제어해야 하며, 십의를 더 충분히 잘 행할 수 있도록 독려하는 것으로서 예를 거론하고 있다. 예는 강제적이고 외적인 형정(刑政)과는 달라서 서로 차등적인역할과 위치에 놓인 사람들을 미리 잘 교육하여 자발적으로 행위할 수 있게끔 가르치는 사회적 규범과 제도를 의미한다. 당시 중국 고대사회의 규범과 제도로서의 예를 통해서 칠정의 감정은 잘 다스려야 하고 십의의 덕목은 잘 키워내야 한다는 점을 강조하고 있다.

「예운」편의 저자는 칠정에 대해 옳다, 그르다 혹은 좋다, 나쁘다와 같

---

9) 禮記에 나오는 말로 사람이 지켜야 할 열 가지 도리를 말한다. 父慈 子孝 兄良 弟恭敬 夫義婦聽 長惠 幼順 君仁 臣忠

은 가치판단을 명시적으로 드러내고 있지 않지만, 예라는 교육적 제도를 통해 교정해야 할 대상으로 묘사하였고, 그러한 교정과 학습의 과정이 제대로 이루어지지지 않았을 때 쟁탈과 살육이라는 심각한 문제적 상황이 발생할 수 있는 빌미가 된다는 점을 암시했다는 점에서, 이 글의 저자에게 칠정의 감정이 그 자체로 선한 것으로 이해되었다고 볼 수는 없을 것 같다. 오히려 선하지 않거나 더 나아가 위험하고 나쁜 것으로 간주되었다고 볼 수 있다.

교육을 통해 가공되기 이전 인간의 선천적인 모습은 필히 교정되어야 할 대상으로 그렸다는 점에서, 「예운」편의 저자는 잠재적인 본성을 노력과 수양을 통해 현 실태로 구현시켜야 한다고 독려했던 맹자의 입장과는 대척점에 서 있다고 볼 수 있겠다. 중용(中庸)은 잘 알려진 것처럼 고대에는 「예운」편과 마찬가지로 예기에 수록되어 있는 한 장이었지만 「예운」의 칠정과는 사뭇 다른 분위기로 인간의 감정[情]을 설명하고 있다.

> 기쁨, 성냄, 슬픔, 즐거움[喜怒哀樂]이 아직 드러나지 않은 상태를 중 中이라 이르고 드러나 모두 중절(中節)한 것을 화(和)라 이르니, 중(中)이라는 것은 천하의 큰 근본[大本]이고, 화(和)라는 것은 천하에 두루 통하는 도(道)이다. 중화(中和)를 극진히 하면 하늘과 땅이 제자리를 잡고 만물이 길러진다.[10]

인간의 대표적인 감정을 일곱 가지로 꼽았던 「예운」편과 중용 에서는

---

10) 中庸 1章, 喜怒哀樂之未發 謂之中 發而皆中節 謂之和 中也者 天下之大本也 和也者 天下之達道也 致中和 天地位焉 萬物育焉

기쁨, 성냄, 슬픔, 즐거움[喜怒哀樂]이라는 네 가지의 감정만을 거론하였다. 이 네가지 감정[四情]은 칠정과 마찬가지로 인간의 대표적인 감정을 요약해서 표현한 것이다. 그런데 중용의 네 감정은 「예운」의 칠정처럼 교정하거나 단속해야 할 대상, 예를 통해 교육해야 할 대상으로 그려지지 않았다. 다만 우선 '주어져 있는 것'으로 보다 객관적으로 기술되고 있다. 즉 선하지 않거나 혹은 나쁜 것으로 그려졌던 칠정과 달리 중용의 희로애락은 아직 드러나지 않았을 때[未發]와 드러났을 때[發]를 구분해 전자를 중의 상태로, 드러나서 절도에 맞는 후자[中節]를 화의 상태로 묘사했을 뿐이다. 중용은 중과 천하의 큰 근본[大本]을 연결하고, 화와 두루 통하는 도[達道]를 연결하면서 천하의 근본이면서 두루 통하는 도가 지극해질 때[致]를 중화(中和)라고 표현한다. 중화는 완전한 균형과 조화가 펼쳐진 상태로서 이상적 상황을 묘사한다.

중용의 저자가 명시적으로 가치평가를 내리지는 않았지만, 중화를 지향해야하는 이상적 상황으로 본 점에서 희로애락이 아직 드러나지 않은 상태인 중도한 잠재적으로는 선한 성격의 것으로 보았음을 짐작할 수 있다. 그리고 중의 성격과 희로애락이 밀접한 관계를 맺고 있다는 것을 추측해볼 수 있다. 다만 중용의 구절들은 함축적이고 상당히 추상적이기 때문에 보다 상세한 해석을 필요로 한다.

3. 주희의 사단칠정

주희는 공맹의 유학을 새롭게 해석하고, 불교와 도교를 비판하면서도 한편으로 리(理)나 체용(體用)같은 개념들을 흡수하면서 자신만의 사상 체계를 확립했다. 주자학은 고대유학을 새롭게 혁신했다는 점에서는 신유학(新儒學)으로 불리고, 주희가 성과 리(理)개념을 중핵으로 사유를 전개했다는 점에서는 성리학(性理學)이라고도 불린다. 조선시대 유학자들은 퇴계와 고봉을 비롯해서 주자학적 사유에 근거하여 치열한 사상적 논변을 펼쳤다. 따라서 퇴계와 고봉의 사단칠정 논변을 정확히 이해하기 위해서도 주자학이 제공했던 이론적 근거인 리기론(理氣論), 심성론(心性論), 수양론(修養論) 등에 대한 이해가 선행되어야 할 것으로 보인다.

주희 심성론을 나타는 유명한 테제는 잘 알려진 것처럼 심통성정(心統性情)이라고 할 수 있다. '심통성정'이란 마음이 본성과 감정의 영역을 모두 포괄, 포섭한다는 의미이다. 그런데 주희의 심성론 테제에서도 엿볼 수 있듯이 우리가정 개념을 이해하기 위해서는 심(心)과 성(性)의 의미, 나아가 각 개념들 간의 관계에 대한 이해가 필요하다. 맹자가 심과 성의 구별 혹은 의미 구분에 크게 주목하지 않았던 것과 달리 주희는 심, 성, 정 개념을 독립시켜 하나의 개별 개념으로 자리매김했고 이 과정에서 성을 존재론적, 형이상학적으로 정초시켰다. 또한 주희는 성발위정(性發爲情)이라는 표현을 통해서 성과 성이 드러난 것으로서의 정의 관계, 나아가 성선(性善)의 의미를 강조했다. 이 장에서는 주희 심성론이 등장하기까지의 지적 배경과 상황에 대해서 먼저 살펴보려고 한다. 중국 남송 시대에 활동했던 주희는 그 문제의식이 퇴계나 고봉과는 달리 불교의 영향을 받았다고 평가된 당대의 중요한 지적 조류인 도남학 혹은 호상학을 비판하는 데 우선적인 목적이 있었던 것으로 보인다. 또한 주희의 사유에서는 사단칠정 논변과 관련된 문제의식이 잠재되어 있었지만 분명한 쟁점으로 부각되지 못했음을 엿볼 수 있다. 이 과정을 통해 사단칠정 논변이 주자학에 기반하고 있지만 동시에 조선 유학자들의 독특한 특징을 잘 보여주는 논쟁적 사건임을 확인해보고자 한다.

2부 퇴계와 고봉의 사단칠정 논변

1. 논변의 발단과 전개

조선조 초 실권을 잡은 사대부들이 고려인의 신앙이며 중심 이데올로기 불교를 배척하면서 유교의 정치 이념화를 단행하였다. 思想的 측면에서 볼 때 오백년 동안 조선조 관료층은 성리학자들로 성리학을 정치, 윤리 등 모든 분야에서 이념화하였다. 따라서 문신우위와 관료지향적인 체제가 고착화되어 사회계급의 고정화가 초래되었다. 이렇게 경직된 사회 분위기 속에서 성리학은 조선에 어떠한 영향을 미쳤는가를 살펴보고자 한다.

조선조에서 논의된 성리학은, 송대의 경우와는 다르게, 이미 정립이 완료된 성리학의 체계를 통해 인성론에 관하여 관심이 깊어진 것이 특징이라고 할 수 있다. 이와 같은 경향은, 조선사회에서 점진적으로 진행되어 절대화되어 가는 성리학의 위치를 볼 때, 인성론에 관한 탐구를 바탕으로 진행되는 인간수양의 이론을 제공하는 계기가 되었다. 자연에 대한 이해보다는, 인간심성에 관하여 이해가 한층 더 핵심적인 부분으로 이해하게 되었다. 성리학에서 탐구하는 자연은 그 자체로서는 그렇게까지 관심의 대상이 되지 못하고 있다. 단지 독립적으로 있는 객관적인 자연으로 사용된 경우를 성리학에서 찾아보기 어려운 것도 바로 이러한 이유에서 시작된 것이라고 생각할 수 있다.

조선에서 이와 같은 인성에 대해 활발한 토론은 퇴계와 고봉간의 8년

동안 이나 서신으로 주고받은 논변으로 본격화된다. 당시에 논의된 핵심적인 문제는 사단과 칠정에 대한 논의다.

무엇보다 일괄적이고 심도 깊은 인성의 이해는 퇴계와 고봉의 논변을 근본으로 우계와 율곡과의 논변에서 이루어졌다고 말할 수 있다. 따라서 인성에 대해서 이해한 정도가 광범위하게 펼쳐졌다.

사칠 논변은 인간의 마음에 사단과 칠정이 있다는 성리학의 주장에서 퇴계(退溪, 李滉, 1501-1570)와 고봉(高峰, 奇大升,1527-1572)과의 사이에 사단과 칠정이 어떻게 이루어져 있는가에 대한 의견 차이를 다루는 논변이다. 고봉과 퇴계 이전에도 이와 같은 사단칠정에 관한 논쟁들이 있었지만, 조선의 유학자들에게 학문의 원리와 이론에서 사단칠정이 핵심 주제로 된 것은 퇴·고의 사칠 논변이 한국적 성리학 논쟁의 시발점이라고 해도 과언은 아니다.

논쟁의 발생 배경에 대해서 논하면, 퇴계와 고봉간의 사칠논변의 시작은 추만(秋巒) 정지운이 사람의 이성과 감정을 규정하는 『천명도설天命圖說』을 지어, 웃어른에게 검증받기를 원했다. 그의 『천명도설』의 내용이 "사단은 리에서 발하고, 칠정은 기에서 발한다.(四端 發於理, 七情 發於氣)"라고 되어 있는 것을 퇴계가 "사단은 리가 발한 것이고, 칠정은 기가 발한 것이다.(四端 理之發, 七情 氣之發)'라는 리기호발설(理氣互發說)의 내용으로 수정하였고,[11] 그 수정 내용에 대해서 기 철학을

---

11) 김종석, 『퇴계학의 이해』, 일송 미디어, 2001, p.107 참조.

주장하던 고봉이 이에 관한 수정 이의를 제기하며 퇴계에게 서신을 보내는 계기로 퇴계와 서신을 주고받으며 8년 동안 지리한 서신논쟁이 계속 되었다. 이것이 사단칠정 논쟁의 발단이다.

고봉은 성리학의 기본 전제는 모든 현상에서 사물은 理와 氣로 이루어져 있다고 주장하였다.[12] 이에 준해 퇴계의 명제는 '리와 기'를 분리시켜 놓았다는 점이다. 두 번째 문제점은 사단과 칠정은 포함 관계이지 병행관계가 아니라는 것이다. 또한 퇴계의 사단이 무조건 선한 것이라는 주장에 반박을 한다. 사단도 때에 따라서는 선하지 않은 존재가 될 수 있다고 고봉이 주장한다. 그 예로 사단 중 하나인 측은지심(惻隱之心)도 때에 따라서는 선하지 않다고 말한다.[13] 이렇듯 고봉 주장의 핵심은 리발(理發)의 부정을 말하고 있다.

이 논쟁에서 고봉이 제기하는 논쟁의 내용은 '사단과 칠정의 논쟁'으로서 고봉과 퇴계 간에 8년간(1559-1566)의 기간 동안 리와 기에 대한 논쟁으로 지속되었다. 편지로써 주고받은 이 논쟁은 원문이 보관되어 있는데 그 원문은 '양 선생 사칠 리기 왕복서' 또는 '사단칠정 분리기 왕복서'라고 한다. 이 내용은 리와 기가 모두 드러나 발할 수 있다는 퇴계와 기만이 드러나 발할 수 있다는 입장의 고봉이 서로의 의견을 합리화시키기 위한 논쟁이었다.[14] 논쟁의 구체적인 내용은 사단과 칠정 가운데 '정'이라고 할 수 있는 '감정 욕망'에 대한 논쟁이었지

---

12) 김종석, 『퇴계학의 이해』, 일송 미디어, 2001, p.107 참조.
13) 손영식, 『조선의 역사와 철학의 모험』, 울산대학교 출판부, 2005, p.68 참조.
14) 같은 책, p.57 참조.

만, 실제로는 인간 이성의 이해에 대한 논쟁이라고 말할 수 있다. 어떤 내용으로 논쟁을 하였는지 살펴보겠다.

퇴계가 고봉에게 보낸 1서에서 문제가 된 구절 '사단리지발 칠정기지발(四端理之發 七情氣之發)'을 '4단지발종리 고무불선 칠정지발겸기 고유선악 (四端之發宗理 故無不善 七情之發兼氣 故有善惡)'으로 수정하여 보냈다. 이는 '사단의 발함은 순수한 리이므로 선하지 않음이 없고, 칠정의 발함에 대해서는 기를 겸함으로 선·악이 있다'라고 해석할 수 있다. 퇴계는 고봉이 먼저의 문장 내용의 한 구절을 이해하는 데 있어 기에서 칠정이 발한다는 해석이 오해라면서 '발한다'는 구절의 해석에 대해서 부연 설명을 하였다. 즉, 사단이 발함에는 리만으로도 발이 가능하다는 설명인 것이다. 세상에 존재하는 만물에 대한 설명으로 움직이는 사물은 기의 개념으로 이해되니 만큼 이러한 의견은 리와 기의 발함이 같은 의미가 아닐 수 있음을 시사하는 것으로 보아야 한다.

> ……하지만 제 생각으로는 당연히 우선 이 理·氣에 있어서 명백히 본 뒤에야 심·정·성·의가 모두 결말나게 되어 있고 사단·칠정을 나누어 가리기 어렵지 않다고 생각합니다. ……하지만 자사·맹자·정자·주자의 가르침으로써 칠정에 보면 모두 의미를 다르게 하는 것 같으니 어쩌면 理·氣에 있어서 분명하게 분석하지 못해서 인 것 같습니다.15)

---

15) 『四七2書』, ……伏繹先生所改之說 似學釋然 然鄙意以爲當先於理氣上着得 分明然後心性情意皆有著落 而四端七情不難辨矣 後來諸先生之論 非不詳且明矣 ……然質以思孟程朱之言 皆若異趣 似於理氣上未剖判也.

사칠 1서의 답서로 고봉은 퇴계의 서신에 고마워하는 가운데 사단과 칠정을 나누어 가리기에 있어 理와 氣를 보다 명백하게 해석하는 것이 필요하다고 고봉이 말하였다. 이는 퇴계의 이해에 옳다고 하기 보다는 퇴계의 의견은 이와 기의 관념을 확실하게 분석하지 못한 데서 야기된 것이라는 것에 가깝다. 고봉의 이러한 생각은 다른 서신에서 보다 명확해진다.

> ····대개 性이 막 발하는 순간에 기가 용사하지 않고 본래의 선이 그대로 이어지는 것이 다른 게 아닌 맹자께서 이르신 사단이란 것입니다. 이것은 정말로 완전히 천리가 발한 것이지만, 그러나 칠정 밖으로 이동할 수는 없으니 이것은 바로 칠정 가운데서 발하여 절도에 맞은 것의 맹아입니다······이른바 사단·칠정이란 것이 처음부터 두 가지 뜻이 있었다는 것이 아닙니다.16)

즉, 고봉의 입장에서 보면, '발하였다'고 표현할 수 있는 것은 오로지 칠정뿐이다. 이와 기의 개념을 보다 명확히 할 필요가 있다는 것은 위 구절로 미루어보아 발하는 것은 오직 氣뿐이기 때문이다. 기가 발할 때 이는 이미 기와 함께 발하는 것이며, 이가 발한다고 한다면 기를 통해서 발할 수밖에 없다. '칠정 밖으로 나올 수 없다'는 것은 사단이 순전한 理라고 한다면 결국 칠정을 통해서 발할 수밖에 없다는 의미라고 보

---

16) 『四七2書』「別紙」,······此固純是天理所發 然非能出於七情之外也 乃七情中發而中節者之苗脈也······ 則所謂四端七情者 初非有二義也.

아야 한다.

> ……그러나 나의 생각으로 판단해 보건대 공의 학문이 크고 넓게 생
> 장한 경지에 이르렀으나 오히려 세밀하고 정미한 깊은 곳까지는 훤
> 히 잘 알지는 못하였으며, 그 마음을 다루고 행동을 규제함엔 많이
> 힘차고 의젓하여 트인 뜻이 있으나 도리어 마음을 모으고 수확하는
> 공부는 부족합니다.[17]

3서에서 퇴계는 고봉의 공부가 깊음을 격려하고 벼슬길의 처세에 대
한 깨우침을 준다. 젊고 재능 있는 후배 학자를 귀하게 여기는 마음을
알 수 있지만 인용문의 구절을 살펴보면, 고봉의 사칠 2서의 의견, 즉
'사단과 칠정은 다름이 없다'와 '이와 기는 事物로서 나눌 수 없다'의
내용들이 잘못된 의견이 아니라는 의미로 말하며 본인의 주장을 보다
빈틈이 없고 꼼꼼히 본다면 본인의 주장에 대해서 비판할 근거가 없다
는 의미의 해석이 될 수 있음을 부드럽게 표현한 것으로 보인다. 즉, 고
봉에게 퇴계가 하려고 하는 글의 의미를 보다 깊이 해석할 필요가 있음
이 내포되어 있어 보인다.

> ……측은·수오·사양·시비가 어디부터 발하는지요? 인·의·예·지의 性에
> 서부터 발하는 것뿐입니다. 희·노·애·구·애·오·욕이 어디부터 발하는
> 지요? 외부 사물이 그 형기(形氣)에 만나 교섭하는 속에서 동하여
> 상대를 따라서 나오는 것뿐입니다……그 소종래(所從來)로 말미암아

---

17) 『四七3書』 「本文」.……然而自愚揆之 高明之學 有見於正大廣傳之域 而猶未融貫於
細密精微之蘊也 其處心制行 多得於疎達曠坦之意 而尙欠於收斂擬定之功也.

각각 내세우는 것과 중하게 여기는 것을 지적하여 말한다면 어떤 것은 리가 되고 어떤 것은 기가 됨이 어찌하여 되고 안 되는 것이 있겠는지요.?[18]

고봉이 하나의 통로만을 사용하여 나타나는 인간의 마음의 특징을 드러내어 그 마음을 사단과 칠정 그리고 이와 기라는 형식으로 구분하는 것은 자신이 지적한 사람의 마음에 본질적 특성으로 밝혀 볼 때 정확히 맞지 않음을 내세우는 반면, 퇴계는 그런 사람 마음의 특징에 얽매이지 않고 인간의 마음은 사단과 칠정으로 구별하여 확인해야만 인간의 마음이 발동되기 위해 이론적으로 의지하고 있는 '원리'를 집중할 수 있다고 보았던 듯싶다. 이러한 차이를 내보이는 것이 퇴계의 사칠 3서 별지의 핵심 내용이다.

> ……저의 마음을 정리하면서 행동의 규제와 처신과 발언에 대해 논하시고 전부 하나하나 종결하시는 것이 꼭 전신사조와 같으셨으니 마치 유군이 저에 대해서 아는 것처럼 제가 본인을 안다는 것보다도 나은 것 같습니다. 제가 듣는 바로는 의사는 사람이 병든 이유를 알고 나서야 약으로 치료하는데 선생님께서는 지금 제 병에 대해서 아시고 계십니다.[19]

---

18) 『四七3書』 「別紙」, ……惻隱羞惡辭讓是非 何從而發乎? 發於仁義禮智之 性焉 爾 喜怒哀懼愛惡欲 何從而發乎? 外物觸其刑而動於中 緣境而出焉爾 四端之發 孟子旣 謂之心 則心固理氣之合也……而因其所從來 各指其所主與所重而言之 則謂之某謂理 某謂氣 何不可之有乎?

19) 『四七4書』 「本文」, ……至論大升處心制行發言謀身之實 亦皆一一著落 如傳神寫照然 所謂 劉君知我勝我自知者也 竊聞 醫者能知得人受病根原 然後可下藥, 而有已病之 效 今先生旣知大升之受病之原矣 伏乞詳示下藥之方 使終不至於廢棄 幸甚幸甚.

고봉은 그동안 깊은 병에 들어서 벼슬도 그만두고 고향에서 치료차 머무르던 가운데 퇴계의 편지를 접하고는 그동안의 의문에 조목조목 답하면서 그에게 조언을 해준 퇴계에게 감사 인사를 드린다. 특히 그동안 자신의 학문에 과신하여 주장이 성급하였다는 지적에는 정중히 오해였음을 답하였다. 그리고 본인이 병이 깊어 학문을 지속하기가 힘이 든다는 상황을 말한다. 병이 깊어지는 탓에 학문에 매진하기 어려운 현실을 토로한다. 퇴계의 사칠 3서 서신의 별지에 몇 가지 의문을 드렸음을 알리고 답을 청하며 마무리한다.

> ……보내신 변론의 내용 가운데 "情의 四端·七情에 대해서 구별이 있음이 본성과 기품의 상이한 부분이 있는 것 같다."고하셨는데 이 말씀은 아주 사리에 맞아 …… 하지만 朱子께서는 '천지의 性을 논할 때에는 理와 氣를 함께 말한다'고 말씀하셨습니다. 그렇게 보면 흔히 말하는 바 '四端이란 理의 發이다'는 것은 오직 理를 지목하여 말한 것이고, '칠정은 氣의 발이다'는 것은 理와 氣를 더불어서 말한 것이 됩니다.[20]

위 별지 서신에서 제기한 문제 부분이 '사단은 理의 발이고 칠정은 氣의 발'로 해석이 된다. 고봉이 이해하고 있는 내용을 퇴계처럼 해석하면 '사단은 理에서 나오고 칠정은 밖 사물의 형기에서 시작된다'가 된다. 그런데 사단과 칠정은 모두 인간의 마음을 말한다. 사람의 마음을

---

20) 『四七4書』, 「別冊」, ……來辯 以爲情之有四端七情之分 猶性之有本性 氣稟之異也 此言甚當 正與朱子之言 互相發明 愚意亦未嘗不以爲然也 ……然而朱子有曰 論天地之性 則專指理言 論氣質之性 則以理與氣雜而言之 以是觀之 所謂四端 是理之發者 專指理言所謂七情 是氣之發者 以理與氣雜而言之者也.

이처럼 파악하면 고봉 생각에는 사람 마음의 근원이 두 개가 되기 때문에 이것이 옳지 않다는 것이다.[21) 고봉이 이해하는 내용은 위의 내용이 퇴계와 고봉에게 서로 다른 뜻이 되는데, 고봉에 의하면 사단은 칠정에서 節度에 맞게 골라낸 것이고 퇴계는 단지 사단과 칠정이 다른 곳에서 비롯되었음을 의미하고 있다는 것이다.

즉, 고봉에 의하면 밖 사물의 형기에 감응되어 칠정이 발동되면 그렇게 발동 되어진 '마음'만이 진정한 인간의 마음이 된다. 그러면 사단의 마음은 절도에 맞게 선택된 마음이거나 선악에서 선의 상태를 갖게 된 마음이라는 것이다. 그런데 퇴계의 해석은 선악 이전의 선으로서의 성격을 갖는 마음이라는 것이다. 이 해석은 형이상학적인 마음으로서 칠정에서 골라낸 마음의 해석과는 다른 해석이 된다.

> ……사람들이 그것을 보게 되면 정이 두 개 있는 것으로 의심하게 됩니다. 혹 정을 둘로 의심하지 않아도 그 정 가운데는 두 가지의 선이 있어 하나는 理에서 발하고 하나는 氣에서 발한다고 의심하므로……저의 생각으로는 사단이 인·의·예·지의 성에서 발하나 칠정도 역시 인·의·예·지의 성에서 발하게 됩니다.[22)

서신이 왕래하던 중반부터는 고봉도 퇴계의 주장처럼 사단과 칠정을 구분하는 사람들에게 사단과 칠정의 근원이 서로 다르며 하나인 것과

---

21) 박지현, 「이황의 사단칠정론에 대한 이익의 재해석」, 서울대학교 박사논문, 2016, p.12-14 참조.
22) 『四七4書』, 「別冊」,……則人之見之也 疑若有兩情 且雖不疑於兩情 而亦疑其 情 中有二善 一發於理 一發於氣者 爲未當也……愚謂 四端固發於 仁義禮智 之性 而 七情亦發於 仁義禮智之性也.

양립할 수 없다고 주장한다. 특히 퇴계의 주장 가운데 칠정〔희·노·애·구·애·오·욕〕형기가 외물과 교섭하는 과정에서 정이 대상을 따라 나온다는 말이 있다. 그것은 정이 속에서 외부로 드러나는 것으로 대상을 따라 나오는 것이 아니라 정 안에서부터 나온다고 주장을 하는 것이다.

이번 별책에서는 유달리 자신의 주장을 길게 다루고 있는데 고봉의 주장은 두 가지로 귀결된다. 첫째는 퇴계의 주장처럼 '리만을 드러내는 정'에 대해서다. 즉, 사단에 대해서 순수한 리발로만 이해하는 해석은 옳지 않다는 것과 둘째, 칠정을 기발로만 해석하는 것도 옳지 않다. 이는 리와 기가 동시에 관여하는 발이어야 한다는 의미인 것이다.

고봉은 사단과 칠정을 구별함에 있어 사람의 정은 하나의 근원을 갖고 있다고 보며 이것은 순수한 기발이나 이발로는 확정할 수 없다는 생각으로 논의에 임하고 있다. 이와는 달리 퇴계는 사단과 칠정을 구분 짓는 것에 대해 정은 두 개의 근원을 가지고 있으며 이를 순수한 이발과 기발로 이해하고 있음을 알 수 있다.

> ……'무릇 이 理에서 발하는 사단의 정이 선하지 않음이 없다'는 것은 본래맹자의 가르침으로 인하여 말씀한 것입니다. 만약에 정이 이루어져 나아가 세론을 한다면 사단이 발하여도 절도에 맞지 않는 것이 있으니……만약 진실과 망령됨을 분간하지 않고서 단지 선하지 않음이 없다고만 하면 인욕을 잘못 인식하여 천리로 여기는 것이니[23]

---

23) 『四七4書』,「後論」, 未以四端之情爲發於理 而無不善者 本因孟子所指而言之也 若泛就情上細論之 則四端之發 亦有不中節者 固不可皆謂之善也…若不分眞妄 而但以謂無不善 則其認人欲而作天理者 必有不可勝言者矣 如何如何.

고봉의 후론 내용을 살피어 보면, 사단은 정으로서 칠정과 같은 상태로 절도에 맞거나, 맞지 않음이 있는 사람의 '마음'이 해당된다고 보며 만약에 사양지심이 밖으로 드러나는 것은 사단에 해당되지만 사양지심 자체가 선한 것은 아니라고 본다. 사양지심이 선한 것은 본래부터 선한 것이 아니라 마음이 '사양해야 하는 때'에 맞춰서 발동할 때 비로소 선함이 결정된다. 고봉 입장에서 '사양하는 마음'이란 단지 사단에 해당한다. 그러므로 '사양해야 하는 때'에 행위가 결정되기 전까지는 선과 불선 여부가 결정되지 않는다고 보는 것이다.

사단과 칠정은 인간의 감정 욕망이다. 따라서 사칠논쟁은 감정 욕망을 규정하는 문제이다. 그러나 논점을 따져보면, 이 논쟁은 인간의 감정이 아닌 인간의 '이성'을 어떻게 이해해야 하는가에 대한 입장 차이의 대립이기도 하다. 사단과 칠정 그 말 자체는 감정 욕망을 의미하지만, 논쟁 과정에서도 나타나듯이 감정 욕망을 동반한 '인간의 행위'라는 의미를 함축하고 있다. 그 행위의 선악이 과연 어떻게 결정되는가, 사단과 칠정 자체에 선악이 있는가, 아니면 외부적으로 선과 악의 기준이 주어지는가? 사단 칠정논쟁은 인간의 '이성'을 어떻게 이해할 것인가가 쟁점이다.

사단은 선한 본성에서 나왔기에 그 자체로 선하다. 반면 칠정은 생리 작용으로서 감정 욕망이기 때문에 외부에서 제어 법칙이 주어져야 한다. 사단은 성선설이고, 칠정은 성악설이다. 맹자와 예기의 원문 자체에 그런 구별이 이미 있다. 퇴계는 전자를 따르며, 고봉은 후자를 지지한다

그래서 퇴계는 사단은 리의 드러남이고, 칠정은 기의 드러남(四端 理之發,, 七情 氣之發)이다. 사단의 근원인 인간의 선한 본성, 그것을 성리학에서는 리인 본성(性卽理)이라고 한다. 사단은 성리(性理), 즉 리에서 나온 것이다. 인간의 몸을 이루는 것은 기이다. 몸의 생리 작용으로서 칠정은 기에서 유래한다. 반면 고봉은 사단과 칠정 모두 인간의 감정이며, 칠정이 감정 욕망 전체를 아우르는 반면, 사단은 그 가운데 선한 부분만 가리킨다고 한다. 사람의 몸에서 나오는 감정 욕망은 모두 칠정이다. 즉, 기의 드러남이다. 그 가운데 리를 따른 것만 선하다. 따라서 인간의 감정 욕망은 모두 기가 드러나되, 리가 올라타느냐의 차이가 있다.

두 사람의 사단칠정론은 확연한 차이가 있다. 퇴계와 고봉의 관점의 차이와 그로 인해 발생되는 문제에 대하여 정리해보면 다음과 같다. 첫째, 사단과 칠정의 의미 규정이 다르다. 먼저 퇴계는 선한 사단과 그렇지 않은 칠정으로 그 둘을 질적으로 구분한다. 퇴계는 사단과 칠정 사이의 위계를 설정하면서 그 구분을 정당화하기 위해 이기론을 가져오는데 이때 사단과 칠정을 각각 이와 기로 배속하여 나누어 설명하는 것이 주자학 내에서 허용 가능한지가 문제라고 할 수 있다. 또한 기의 섞임이 없이 순수한 이가 드러난다[發]고 할 때의 리발이라는 표현도 문제라

고 말할 수 있다.

한편 고봉은 사단과 칠정은 정이라는 측면에서는 차이가 없고 오히려 칠정 내에 사단이 포함된다고 주장하는데, 이는 주자학의 입장에 더 충실하다고 평가해볼 수 있다. 하지만 주자학과의 정합적인 측면을 떠나서 일반적 감정들이 특정한 상황에 잘 맞아떨어진다고 하여 곧바로 그것을 도덕감정이라고 볼 수 있을지에 대해서는 문제를 제기할 수 있다. 고봉은 사단과 칠정의 중절을 '내용은 같지만 이름만 다른 것[동실이명同實異名]'이라고 주장하는데, 이처럼 고봉이 말한 대로 '동실이명'이라고 해도 사단과 칠정의 중절 사이의 구분이 없지 않다면, 그 둘의 구별을 어떻게 정당화할 수 있을지 문제로 남는다.

두 번째로 선악의 의미 규정이 다르다. 퇴계에게 있어서 선악은 감정의 발생 차원에서 이미 드러나는 특징이라고 할 수 있다. 반면 고봉은 사태와 만나서 그 상황과 적합한지 혹은 아닌지의 여부에서 선악이 비로소 결정된다. 어떤 시점에서부터 이들이 선과 악을 구별할 수 있다고 본 것인지도 쟁점이 될 수 있을 것이다. 마지막으로 이 둘에게 이기론을 들여오는 이유가 다르다고 할 수 있다. 퇴계의 경우 이기론을 가치론적 입장에서 사용하고 있다.

퇴계에 있어 이는 선하고 기는 악할 가능성을 갖고 있기 때문에 선한 이가 기를 얼마나 잘 제어하느냐가 중요해진다. 그리고 사실 퇴계의 핵심은 이의 선함을 강조하는 데에 있지 기가 악함과 관련된다는 데에 있지 않다. 퇴계는 기는 언제나 부수적이며 오직 理의 선함과 대조해볼 때 불선하다고 표현한 것에 가깝다고 할 수 있다. 반면 고봉은 이기불상잡, 이기불상리, 理의 무정의, 무계탁, 무조작, 기의 작용과 같이 이기론의 구조와 형식을 강조하면서 이기론을 철저히 존재론적 입장에서 해명했다고 볼 수 있다.

또한 이의 선함을 강조하는 퇴계에 비해 기의 과불급을 강조하며 칠정은 성의 발현이라는 점에서 기본적으로 선할 가능성을 갖고 있지만, 현실적으로 기의 과불급이 발생하기 때문에 경험적인 중절 여부를 강조한다. 두 편지에서 보이는 퇴계와 고봉의 입장 차이와 쟁점은 이후 서신들에서도 평행선을 달리며 유지되었다.

퇴계와 고봉이 논변을 통해서 유의미한 합의나 결말을 도출해내지 못한 이유로 그 둘이 사용하는 용어의 층위나 프레임이 달랐다고 분석하는 연구도 있다. 이러한 분석은 분명 퇴계와 고봉의 논변을 해명하는 중요한 성격 중 하나를 보여주지만 '서로 말이 통하지 않았다'는 식으로 논변의 의미를 지나치게 축소시키기 때문에 도리어 오늘날 우리에게 사칠논변이 어떤 유의미한 의미를 주는지 밝히기 어렵다는 한계를 지닌다고 생각한다. 따라서 사단칠정논변을 재조명할 때 우리는 누가 이론적으로 우세했는지, 무엇을 쟁점으로 삼았는지에 집중하기보다는 그들이 논변을 통해 무엇을 말하고 싶어 했는지에 주목하는 것이 필요하다고 본다.

위의 내용들을 살펴보면 한마디로 사단이 리발(理發)이고 칠정이 기발(氣發)이라는 이황의 주장에 대해 기대승이 의문을 제기하면서 시작되었다. 따라서 그들이 우선적인 논제로 삼았던 것은 첫째 사단과 칠정을 리와 기 개념으로 설명하는 것이 과연 적절한가 하는 문제다.

이에 대해, 이황은 지속적으로 사단과 칠정이 '나아가 말하는 바(所就以言)' 또는 '가리켜 말하는 바(所指而言)'의 다름을 주장하는 반면에, 기대승은 그의 주장을 그것들의 소종래(所從來)가 다르다는 뜻으로 이해함으로써 이의를 제기하고 있다. 그러므로 이들의 입장이 정확히 어떤 것인가를 자세히 살펴볼 필요가 있다. 그리고 이러한 소종래의 문제는 사단과 칠정의 상호관계와 성격을 규정하는 문제로 이어진다.

둘째로 사단은 칠정의 일부인가 아닌가에 대한 문제와 셋째 사단은 항상 선한가에 대한 문제로 구체화된다.[24] 이 세 가지 문제들에 대한 이황과 기대승의 논변을 살피면 다음과 같은 내용을 도출 할 수 있다.

2. 소취이언(所就而言)과 소종래(所從來)

성(性)은 아직 발하지 않은 미발(未發)이고, 정(情)은 이미 발한 이발(已發)이다. 사단과 칠정은 모두 성이 발한 정이므로 이발이다. 사단과 칠정이 리와 기의 합인 심(心)에서 발생하는 정이라는 것은 성리학의 기본 전제이다. 그런데 퇴계의 최초 명제인 '사단은 리의 발이고, 칠정은

---

24) 이해영(1988), 退溪四端七情論의 論據에 關한 檢討, 유교사상연구 제3집, p.292.

기의 발이다.'는 사단이 오직리만의 발이며 칠정이 오직 기만의 발이라는 주장을 담고 있는 것으로 읽을 수도 있다. 그렇기 때문에 고봉은 이 명제가 성리학의 기본 전제를 위배한다고 지적하고 있다.

이 명제는 사단은 기와 무관하고 칠정은 리와 무관하다는 주장처럼 보인다는 것이다. 사실상 이 지적은 옳다. 다른 어떤 부가적인 설명이 없이 위 명제를 보면 그의 말처럼 사단은 리에만 관련되고 칠정은 기에만 관련되는 듯이 보이기 때문이다. 그러나 고봉이 새롭게 수정된 이황의 명제 '사단의 발은 순수한 리이므로 선하지 않음이 없고, 칠정의 발은 기를 겸하므로 선함과 악함이 있다'를 거부하는 이유는 최초의 명재를 거부했던 이유와는 다르다.

> 대개 성이 막 발할 때 기가 작용하지 않아 본연의 선이 그대로 이루어진 것이 바로 맹자가 말하는 사단이란 것이다. 이것은 진실로 전적으로 천리가 발한 것이지만, 칠정의 밖에서 나올 수는 없으니, 칠정 가운데서 발하여 중절한 것의 싹이다. 그러므로 사단과 칠정을 대비하여 거론하고 서로 말하여 '순리'와 '겸기'라고 할 수는 없다. 인심과 도심은 그렇게 말할 수 있지만, 사단과 칠정은 그렇게 말할 수 없다. 대개 칠정은 오직 인심으로만 볼 수는 없다.[25]

고봉은 퇴계의 주장을 거부하는 근거 두 가지를 제시한다. 첫째, 퇴계는 '순수한 리'와 '기를 겸함'을 대비하여 사단과 칠정을 별개의 정으

---

25) <四七 2書(高峯)> 蓋性之乍發 氣不用事 本然之善得以直遂者 正孟子所謂四端者也 此固純是天理所發 然非能出於七情之外也 乃七情中發而中節者之苗脈也 然則以四端七情對擧互言 而謂之純理兼氣可乎 論人心道心則或可如此說, 若四端七情則恐不得如此說 蓋七情不可專以人心觀也.

로 취급하지만, 사단은 칠정의 일부이므로 그렇게 대비시켜 말해서는 안 된다는 것이고. 둘째, 도심과 인심의 관계를 순리와 겸기('순수한 리'와 '기를 겸함')의 관계로 설명할 수 있지만, 칠정은 인심과 다르므로 사단과 칠정의 관계를 그렇게 설명해서는 안 된다고 말한다.

그러나 여기에서 고봉은 '순리'와 '겸기'로 대비해서는 안 된다고 주장하는 근거에 대해 뚜렷한 이유는 분명치 않으므로 반대하는 고봉의 주장에 대해 설득력이 약하게 보인다. 그럼에도 그의 주장은 명료하다. 사단은 칠정의 일부이며, 칠정 이외의 다른 어떤 정이 아니라는 것이다.

기쁨·노여움·슬픔·두려움·사랑·미움·욕구를 가리키는 예기의 일곱 가지 정이나 기쁨·노여움·사랑·즐거움을 가리키는 중용의 네 가지 정은 모두 사람의 감정을 통칭한다고 말해진다. 그런데 정에는 사단과 칠정이라는 것이 있고, 칠정이 모든 정을 통칭하는 것이라면, 사단은 당연히 칠정에 포함되어야 한다. 고봉은 바로 이러한 성리학의 기본 전제를 그대로 받아들이고 있다.

이런 맥락에서, 그는 자사(子思, BC483? ~BC402?)가 말한 중용의 네 가지 정은 모든 정을 가리키며, 맹자가 말한 맹자의 사단은 그 가운데 일부를 가리키므로, '나아가 말한 바(所就以言)'가 같지 않을 뿐이지 칠정 이외에 사단이라는 또 다른 종류의 정이 있는 것은 아니라고 주장한다. 즉, 그는 여기에서 '소취이언'이란 표현을 통해 '정'을 언급함에 있어서 전체를 말하는 경우도 있고 부분을 말하는 경우도 있음을 지적한다.

퇴계는 고봉의 이러한 표현을 고무적인 주장으로 받아들이지만, 그는 '나아가 말한 바〔所就以言〕'라는 표현보다는 그와 비슷한 의미를 가진 '가리켜 말한바〔所指而言〕' 또는 '가리킨 바〔所指〕'라는 표현을 더 많이 사용하였다. 그러나 그의 용법은 고봉의 용법과는 다르다. 고봉은 칠정과 사단이 각각 전체와 부분임을 설명하기 위해 그 표현을 사용하는 반면에, 퇴계는 칠정과 사단이 서로 대립된다고 주장하기 위해 사용하기 때문이다.

고봉은 이것을 인설(因說)과 대설(對說)의 차이로 이해하였다. '인설'은 '인잉(因仍)관계,' 즉 생물의 외연이 동물의 외연보다 넓기 때문에 생물이 동물을 포함한다고 말하는 경우처럼 하나의 개념이 다른 하나의 개념을 포함하는 관계를 함축하는 반면에, '대설'이 개념들의 '대대(對待)관계,' 즉 남자와 여자를 비교하는 경우처럼 서로 동등한 가치나 외연을 갖는 두 가지 개념들을 대조하거나 대비하는 관계를 함축한다.26) 고봉은 퇴계가 사단과 칠정을 각각 리의 발과 기의 발로 간주함으로써 그것들을 대대 관계로 보는 것은 옳지 않다는 입장이다.

그러나 퇴계에 대한 이런 비난은 적절하지 않은 것으로 보인다. 왜냐하면 그는 리와 기가 실제로 현실에서 분리된다고 주장하는 것이 아니라 사단과 칠정의 성격을 고려할 때 그런 식의 개념적인 설명이 가능하

---

26) 최영진·안유경(2008), 牛溪成渾性理說의 構造的理解-牛/栗'四七論辨往復書' 분석을 중심으로, 우계학보 제27집 pp.7-28 참조.

다고 말하는 것이기 때문이다.

　사실상 리와 기의 관계에 대한 퇴계와 고봉과의 견해 차이는 크게 없어 보인다. 퇴계는 "리와 기는 서로 떨어지지 않으며, 칠정은 리와 기를 겸하였다."[27] 와 "사단에 기가 없는 것이 아니고 칠정에 리가 없는 것이 아니다."[28]는 내용은 일반적인 견해를 따른다. 따라서 그는 "성과 정을 전체적으로 말하자면 리 없는 기가 없고 또한 기 없는 리도 없으며, 사단을 말하자면 심은 리와 기의 합이고, 칠정을 말하자면 리가 없는 것이 아니다."[29]라고 말한다. 이처럼 리와 기가 합한 경우에만 사단과 칠정의 발함이 가능하다는 점에 대해서는 고봉도 동의한다.[30] 하지만 고봉은 그렇기 때문에 사단과 칠정을 나누어 각각 리와 기에 귀속시켜서는 안 된다고 생각하는 반면에, 퇴계는 그럼에도 불구하고 나누어 귀속시키는 것이 잘못은 아니라고 생각한다. 퇴계는 고봉이 "사단과 칠정은 모두 리와 기를 겸하므로 실제로는 같지만 이름은 다르기 때문에 리와 기에 나누어 귀속시켜서는 안 된다고 여긴 것 같다."고 평가한다. 하지만 퇴계는 "다름 가운데서 같음이 있음을 볼 수 있기 때문에[리와 기] 두 가지를 섞어 말하는 경우가 많으며, [또한] 같음 가운데서 다름이 있음을 알 수 있기 때문에 두 가지로 나아가 말하려면 본래 리를 주

---

27) 四七 5書(退溪), 夫理氣之不相離 七情之兼理氣 滉亦嘗與聞於先儒之說矣.
28) 같은 책, 夫四端非無氣 七情非無理 非徒公言之 滉亦言之 非徒吾二人言之 先儒已言之.
29) 같은 책, 故前辯之中 累累言之 如統論性情則曰 未有無理之氣 亦未有無氣之理 如論四端則曰 心固理氣之合 論七情則曰非無理也
30) 四七 2書(高峯), 故前辯之中 累累言之 如統論性情則曰 未有無理之氣 亦未有無氣之理 如論四端則曰 心固理氣之合 論七情則曰非無理也.

로 하고 기를 주로하는 다름이 있으니 나누어 귀속시키는 것이 어찌 가
능하지 않은가?"라고 반문한다.[31]이것은 퇴계가 말하듯이 출발점은 같
으나 종착점이 다른 것으로서,[32] 퇴계과 고봉의 견해는 바로 여기에서
갈라진다. 하지만 분명한 것은 그들은 결코 리와 기를 서로로부터 독립
하여 존재할 수 있는 실체로 생각하지는 않았으며, 단지 나누어 볼 수
있는가 또는 그렇지 않은가에 대한 의견 대립이 있었을 뿐이다.

학계 일부에서 퇴계를 일종의 이원론자라고 부르기도 하지만 그의 편
지를 살펴보면 그는 리가 리로 부터 독립되거나 분리되어 존재한다고
결코 주장하지 않으며, 반대로 그것들의 비분리성을 인정한다. 한편으로
는 퇴계가 비물리적인 리에 감정을 발동하는 활동이나 힘과 같은 어떤
물리적 특징들을 간혹 부과한다는 것도 부정할 수 없다. 이러한 이중적
발언으로 인해, 그를 명시적인 일원론자인 동시에 암묵적인 이원론자라
고 말할 수도 있을 것이다. 칼튼이 퇴계의 입장을 '일원론적 이원론 또
는 이원론적 일원론'이라 규정하는 것은 아마도 이런 이유 때문일 것이
다.[33] 하지만 이러한 칼튼의 규정은 하나도 아니고 둘도 아니라는 납득
하기 애매하고 어려운 의미를 담고 있다.

분명한 것은 리와 기의 상호관계에 관심을 가진 사람이라면 일원론자

---

31) 四七 5書(退溪), 公意以謂四端七情 皆兼理氣 同實異名 不可以分屬理氣 滉意以謂
    就異中而見其有同 故二者固多有渾淪言之 就同中而知其有異 則二者所就而言 本自
    有主理主氣之不同 分屬何不可之有
32) 같은책 然其所見始同而終異者無他.
33) Kalton, M. C. et. al. tr. (1984) The Four-Seven Debate. Albany: State
    University of New YorkPress.

이거나 이원론자일 수 있을 뿐이지 일원론자인 동시에 이원론자일 수는 없는 것이다. 다시 말해서, 두 가지 종류의 실체들, 즉 비물리적 실체와 물리적 실체를 인정한다면 이원론자인 반면에, 한 가지 실체의 존재만을 인정한다면 일원론자이다. 비록 사단과 칠정의 기원에 대한 퇴계의 설명이 때때로 이원론적인 함축성을 갖는다 할지라도, 이것이 그를 이원론자로 만들지는 않는다. 다시 말해서, 데카르트적 이원론자 (Cartesian dualist) 또는 실체 이원론자(substance dualist)는 비물리적인 영혼이 물리적인 신체에서 분리되어 독립적으로 존재한다고 믿는 사람을 말하는 것이다.

그런데 만약 누군가가 이와는 반대로 리와 기가 서로로부터 분리되어 존재할 수 있는 두 가지의 독립적 실체들임을 부정하고 그것들의 비분리성을 믿는 한에 있어서, 그는 일원론자 가운데서도 특히 실체 일원론자(substance monist)일 수밖에 없다. 이런 맥락에서 보자면, 어떤 사람이 각각 리가 비물리적인 것이며 기가 물리적인 것이라고 규정하면서도, 그것들이 두 가지의 서로 다른 실체들임을 부정하며 그와 동시에 비물리적인 리의 역동적인 활동성을 주장한다고 가정해보자. 만약 그렇다면, 그는 리와 기에 대해 비일관적인 태도를 지닌 것에 불과하며, 그를 일원론자인 동시에 이원론자로 부를 수는 없는 것이다.[34]

---

34) 兪原基, 「16세기 조선성리학 논변의 분석적 탐구」 성균관대 박사논문, 2011, p. 50.

'리일원론'이거나 '기일원론'이라야 논리적으로 타당한 개념이 될 것이지만 역사상 '리일원론'은 존재하지 않았다. '기일원론'은 소위 '기철학'에 해당하는 개념이라고 할 수 있겠는데 율곡학파의 철학은 결코 '기철학'이 아니다. 흔히 율곡학파의 철학을 두고 '주기론主氣論'이라고 하지만 율곡학파에서도 '주리론主理論'이라 불리는 퇴계학파와 마찬가지로 리의 주재성을 강조한다는 점에서 "리 중심의 철학" 즉 성리학적 입장을 벗어나지 않는다.[35]

성리학에서는 만물을 리와 기라는 두 가지 구성요소로 구성되었다고 설명하며, 이러한 두 가지 구성요소들의 독립적 존재 가능성인 실체성을 모두 인정하는 이론은 이원론이며, 만약 리와 기 가운데 하나만이 실체성을 갖는 반면에 다른 하나는 실체성을 갖지 않는다고 주장하는 이론은 분명히 일원론이다. 최소한 퇴계는 리의 실체성을 주장하지 않으므로 그의 이론은 일원론임에 분명하다. 이 정도는 분명하지만, 그럼에도 불구하고 그의 이론이 리일원론인지 또는 기일원론인지 결정하기는 여전히 어렵다.

왜냐하면 기의 실재성과 실체성을 모두 인정하는 이론은 결코 리일원론일 수는 없으며, 따라서 남는 것은 기일원론인데 성리학적 이론에서는 일반적으로 리의 실체성은 부정하면서도 리의 실재성은 인정하기 때문이다. 그러나 단지 이런 이유에서 그런 결정이 어려운 것은 아니다.

사실상 '리의 실재성'이란 것이 리가 기로 이루어진 사물의 어떤 법칙

---

35) 조호현(2001), 「조선성리학 연구에 대한 일고찰-사칠논쟁과 호락논쟁을 중심으로」 한국사상과 문화 제12집, 2001, p. 250.

이나 원리로 실재한다는 의미라면, 우리는 리의 실재성을 부정하지 않고도 그 이론을 '기일원론'이라 부를 수 있을 것이다. 하지만 이렇게 해석하기 어려운 이유는 성리학자들이 리의 실재성을 그런 의미로 이해하기를 거부하고 리가 기를 어떤 방식으로든 실제로 '주재'하고 '통제'한다는 의미에서의 실재성으로 이해하려고 하기 때문이다. 아마도 이런 난관을 탈피하는 가장 간단한 방법은 이런 종류의 성리학적 이론을 이원론이나 일원론이란 용어로 규정하기를 포기하는 것이다. 하지만 이 방법은 간단할 수는 있으나, 이만큼의 노력을 기울이고 더 이상의 규정이 어렵다고 회피하는 것은 정당한 태도가 아닐 것이다.

물론 기로부터 독립되어 존재할 수 있는 실체가 아님에도 불구하고 그것을 주재하고 통제하는 리라는 것이 도대체 무엇을 가리키는 가를 현실적으로 밝힐 수 있다면 문제는 쉽게 해결될 것이다. 하지만 그런 것에 대한 관찰이 경험적으로 불가능하다고 할지라도 최소한 논리적으로 불가능하지는 않은 것으로 보인다. 즉, 리의 존재를 인정한다고 해서 모순을 범하는 것 같지는 않다는 것이다.[36] 만약 리와 기 가운데 기의 실체성은 인정하면서 리의 실체성이 부정된다면, 그것은 기일원론이라고 부르는 것이 옳다. 그러나 만약 리 없는기가 부정되고 그와 동시에 기 없는 리도 부정된다면 그것은 어쨌든 일원론임에는 분명하다. 그렇지만 리나 기 가운데 하나를 강조하여 리일원론이나 기일원론이라고 부를 수

---

36) 존 호스퍼스, 이재훈·곽강제역, 「철학적 분석 입문」, 서울: 담론사, 1997, pp. 290-300 참조.

는 없다.

3. 사단칠정의 선악

고봉은 사단에 대해 몇 가지 주장을 한다. "칠정 밖에 다시 사단이 있는 것은 아니다"[37) 며 그는 사단이 칠정의 일부라고 주장한다. 즉, 사단과 칠정은 두 가지의 정이 아니라 하나의 정이라고 말하는 것이다.[38) 이것은맹자 이래로 성리학에서 일반적으로 수용되던 규정으로서, 이황도 사단이 칠정의 일부라는 점에는 동의한다.[39) 그러나 그는 여전히 리와 기라는 용어를 통해 그것들에 대한 '소취이언'이 다르다고 주장하며, 그결과 그의 '소취이언'을 '소종래'로 간주하는 고봉은 그런 식의 구분이결국 사단과 칠정을 실질적으로 분리시키는 것으로 보인다는 것이다

> 대개 사단과 칠정을 대비하여 거론하고 서로 말하며, 그림에 게시하여 때로는 [사단에는] 선하지 않음이 없다고 하고 때로는 [칠정에는] 선과 악이 있다고 하면, 사람들이 그것을 보면 마치 두 가지 정이 있는 것처럼 의심할 것이고, 비록 정이 두 가지라고 의심하지 않더라도, 역시 그 정에는 두 가지의 선이 있어서 하나는 리에서 발하고 하나는 기에서 발한다고 의심할 것이므로 아직도 마땅치 않다고 하는 것이다.[40)

---

37) 四七 2書(高峯), 四七 4書(高峯), 非七情之外復有四端也.
38) 같은 책, 四端七情者 初非有二義也.
39) 四七 5書(退溪), 故雖不可謂七情之外復有四端...
40) 『四七 4書(高峯)』, 盖以四端七情 對擧互言 而揭之於圖 或謂之無不善 或謂之有善惡則人之見之也 疑若有兩情 且雖不疑於兩情 而亦疑其情中有二善 一發於理 一發於氣者 爲未當也.

고봉은 사단이 리의 발이므로 순선(純善)하고, 칠정은 기의 발이므로 선하거나 악하다고 말하는 경우, 사단의 선과 칠정의 선이 하나의 동일한 선임을 설명하는 것이 어렵다고 지적하고 있다. 고봉은 사단이 칠정 가운데 선한 것을 가리킨다고 주장하는 동시에 사단에도 중절(中節)과 부중절(不中節)이 가능하다고 주장한다. 주희에 따르면, '리'는 '우주에 내재한 보편적인 법칙'이며, 이러한 리가 '사람 또는 사물에 내재한 특수한 법칙'을 성性이라고 부른다.[41] 즉, 성은 '마땅히 해야만 하는 일'이다.[42] 성리학에서 리는 선(善)의 근원으로서, 어떤 영향도 받지 않고 아직 드러나지 않은 것을 가리킨다.

이러한 성이 정으로 드러날 때 지나치거나 부족한 경우(부중절의 경우)에는 악이 되고, 적절한 경우(중절의 경우)에는 선이 된다. 사단과 칠정은 모두 정에 속하므로, 모두 중절할 수도 있고 부중절할 수도 있다는 결론이 나온다. 그러나 사단에도 부중절이 가능하다는 이러한 주장은 맹자의 성선설을 받아들이던 많은 사람들에게 충격적으로 보인다. 왜냐하면 사단은 사람의 선성(善性)을 담보하는 것으로 이해되었던 반면에, 사단에도 악이 가능함을 함축하는 부중절은 맹자의 성선설 자체를 부정하기 때문이다. 기대승은 사단이 순선이라고 주장하는 동시에 부중절도 가능하다고 주장하는 것이 모순임을 스스로 인정한다.

---

41) 『朱子語類』 4:49, 4:50, 性卽理也 ;『朱子語類』, 4:43, 4:45, 性只是理 ;『朱子語類』 4:39, 程子性卽理也此說最好 ;『朱子語類』, 5:12, 性是許多理 散在處爲性.
42) 『朱子語類』 4:40, 性便是合當做底

무릇 사단의 정이 리에서 발하여 선하지 않음이 없다는 것은 본래 맹자가 가리킨 바에 의해 말한 것이다. 만약 넓게 정에 나아가 세밀하게 논한다면, 사단의 발에도 부중절이 있으니 진실로 모두 선하다고 말할 수는 없다. 보통 사람들 같은 경우에 때로는 마땅히 부끄럽고 미워해서 안 될 것에 부끄러워하고 미워하며, 또한 마땅히 옳고 그름을 따지지 않아야 할 것에 옳고 그름을 따진다. 대개 리가 기 내부에 있다가 기를 타고 발현할 때, 리는 약하고 기는 강하므로 리가 기를 통제하지 못하면, 그 유행하는 사이에 진실로 마땅히 이와 같은 것이 있으니 어찌 정에 선하지 않음이 없다고 할 수 있으며 또한 어찌 사단에 선하지 않음이 있다고 할 수 있겠는가?······ 이전에 내[기대승]가 모든 사단은 선하다고 진술하고, 이제 다시 사단의 발에 부중절이 있다고 하니, 그 말이 스스로서로 모순되니 선생[퇴계]은 괴이하게 여길 것이다. 그러나 이를 궁구해서 말하면, 이런 이치도 있어서 스스로 하나의 설이 됨을 방해하지 않는다.[43]

여기에서 기대승은 사단이 순선하다는 퇴계의 이론을 반대하며, 그렇게 함으로써 사단이 리의 발이고 칠정은 겸기의 발함(즉, 리와 기의 합에서 發함)이라는 그의 2차 수정 명제인 "사단의 발은 순수한 리이므로 선하지 않음이 없고, 칠정의 발은 기를 겸하므로 선함과 악함이 있다"를 부정한다. 순선함은 리의 속성이다. 그러므로 만약 사단을 칠정 가운데 순선한 것으로 지칭한다면 사단이 리의 발임을 인정하는 것이 된다.

한편, 기질의 경우에는 그것이 중절하는가 부중절하는 가에 따라 선과 악이 각각 결정된다. 그러므로 고봉이 사단에 중절과 부중절, 즉 선과

---

43) 『四七 4書(高峯)』, 夫以四端之情爲發於理 而無不善者 本因孟子所指而言之也 若泛就情上細論之 則四端之發 亦有不中節者 固不可皆謂之善也 有如尋常人 或有羞惡其所不當羞惡者 亦有是非其所不當是非者 盖理在氣中 乘氣以發見 理弱氣强 管攝他不得 其流行之際 固宜有如此者 烏可以爲情無有不善 又烏可以爲 四端無不善耶 ······ 然大升從來所陳 改以四端 爲理爲善 而今又以爲四端之發 亦有不中節者 其語自相矛盾 想先生更以爲怪也 然若究而言之 則亦不妨有是理 而自爲一說也.

악을 모두 인정한다는 것은 사단을 리의 발 하나만으로는 설명할 수 없으며, 기의 측면도 반드시 언급해야만 하는 것이다. 다시 말해서, 그는 칠정에 대해 이미 리와 기를 겸하고 선악이 있다고 규정했지만, 이제 사단에 대해서도 동일하게 규정함으로써 사단과 칠정이 모두 하나의 정에 속한다고 주장하며, 무엇보다도 사단을 설명함에 있어서 리는 물론이고 기도 반드시 언급해야 한다는 것이다.

> 내 생각에 사단과 칠정은 심에서 나오지 않는 것이 없고, 심은 곧 리와 기의 합이니, 정은 리와 기를 겸한 것이다. 따로 하나의 정이 있어 단지 리에서 만 나오고 기를 겸하지 않는 것은 아니다.[44]

고봉의 이런 견해에 대해 퇴계는 사단과 칠정의 경우에 '리 없는 기가 없고, 기 없는 리가 없다'는 주희의 기본 원리를 부정하지 않았다. 그는 다만 그럼에도 불구하고 주가 되는 것을 통해 설명할 수 있다는 입장이고, '주가 된다'는 것은 사단이나 칠정의 특징적인 성격을 규정해 주는 개념을 언급하겠다는 것이다. 순선은 리의 속성이므로, 사단이 순선이라고 한다면, 당연히 그것을 설명하기 위해 리 개념을 언급하는 것은 자연스러운 것이다.

퇴계는 사단을 리의 발로 보고 칠정을 기의 발로 봄으로써 (개념적으로) 리와 기를 분리시켜, 결과적으로 사단을 칠정에 포함시킬 수 없게 되면서 사단과 칠정 또는 사단의 선과 칠정의 선이 별개의 정이거나 또

---

44) 같은 책, 愚謂四端七情 無非出於心者 而心乃理氣之合 則情固兼理氣也 非別有一
情 但出於理 而不兼乎氣也.

는 별개의 선이 아님을 설명해야 하는 부담감을 갖게 되었다는 것이 고봉의 지적이다. 그러나 비록 퇴계가 리의 발과 기의 발을 주장하지만, 그것이 각각 리 없는 기나 기 없는 리를 주장하는 것이 아니며, 더구나 그는 실질적인 분리를 주장하는 것이 아니라 개념적인 구분이 가능하다고 말할 뿐이다.

한편, 고봉 자신은 칠정의 경우에는 물론이고 사단의 경우에도 선과 악을 허용함으로써 사단과 칠정의 구분을 모호하게 만들었다. 만약 사단과 칠정이 모두 리와 기의 합이라면, 사단과 칠정의 구분은 더 이상 아무런 의미가 없는 것처럼 보인다.[45] 발한 정(情) 가운데 중절한 것은 선이고 부중절한 것은 악이지만, 그것은 더 이상 사단이나 칠정이라는 이름으로 불리는 것이 아니라 다만 정이라고 불릴 것이기 때문이다. 이황의 입장에서는 기대승이 문제를 제기하는 이유는 충분히 납득할 수 있었을 것이다.

사단과 칠정을 설명하면서 리와 기를 완전히 분리된 것으로 간주한다는 것은 단순히 성리학의 기본 원리를 위배하는 것만이 아니라 더 나아가 그것에 기초한 많은 이론들과 신념들을 모두 부정하거나 또는 새롭게 정초해야 하는 심각한 문제를 야기한다. 고봉의 이런 지적은 사실상 심각하고도 중요한 지적임에 틀림없으며, 퇴계는 이에 쉽게 동의할 수 있을 것이다. 하지만 그는 퇴계가 실제로 그런 중대한 문제를 야기하고

---

45) 성태용, 「고봉(高峯) 기대승(奇大升)의 사단칠정론(四端七情論)」, 『철학과현실』 제26집, 1995, p. 147.

있다고 지적하며, 그런 잘못을 저질렀음을 인정하고 이론과 주장을 수정해야 한다고 주장하고 있다.

이런 비판에 대해 퇴계가 할 수 있는 일은 그리 많지 않았던 것으로 보인다. 왜냐하면 그 자신은 결코 리와 기의 실체성에 대한 일반적인 주자학적 이해에서 벗어나질 않았으며, 사단과 칠정을 리의 발과 기의 발로 각각 설명하고는 있지만 그것이 현실상에서의 리와 기의 분리를 함축하지는 않기 때문이다. 그가 의도했던 것은 단지 사단과 칠정의 성격을 설명하기 위해서는 그런 방식의 표현이 필요하다는 개념적인 구분이지 현실에서 분리된다는 존재론적인 분리가 아니었기 때문이다.

지금까지 살펴본 사칠논변의 핵심은 사단과 칠정에 대한 규정의 문제였으며, 일반적으로 알려진 것처럼 리발의 문제는 아니었던 것으로 보인다.

여러 해 동안 반복되던 논쟁에 지친 퇴계는 더 이상 논변을 이어가고 싶지 않다는 의중을 시로 적어서 보낸다. 이에 고봉은 퇴계가 인용했던 주희의 "사단은 이가 발한 것이고 칠정은 기가 발한 것이다(四端是理之發, 七情是氣之發.)"를 곰곰이 생각해보니 기발이라는 표현도 어느 정도 가능할 것 같다며 「사단칠정후설(四端七情後說)」과 「사단칠정총론(四端七情總論)」을 퇴계에서 다시 보낸다. 편지를 받은 퇴계는 이제 서로의 논의가 거의 귀일(歸一)된 것이라고 흡족해하며 8년간의 긴 논변이 마무리되었다고 판단했다. 고봉이 기발을 인정했고 이에 대해 퇴계가 만족스러워했다는 구절로 인해서 많은 연구자들은 고봉이 자신의 입장을 포기하고 퇴계에게 승복했다고 평가하거나 혹은 수양론을 염두에 둘 때 고봉이 자신의 입장을 끝까지 밀어붙일 수만은 없었다고 평가해왔다. 그러나 고봉이 기발을 인정한 내용을 다시 살펴보면 퇴계가 말한 기의 유래나 주기의 의미와는 그 내용이 다르다는 것을 확인할 수 있다.

> 그러나 칠정이 발하여 절도에 맞는 것은 애당초 사단과 다르지 않습니다. 칠정이 비록 기에 속하긴 하지만 이가 본래 그 가운데 있습니다. 그것이 발하여 절도에 맞는 것은 바로 천명의 성이고 본연의 체이니, 그렇다면 어찌 이것을 기가 발한 것이라 하여 사단과 다르다고 할 수가 있겠습니까?[46]

초기 서신에서부터 고봉은 '리발(理發)'이라는 독특한 표현은 받아들이면서도 칠정은 이기를 겸했기 때문에 '기발'이라고만 말할 수 없다고 거부했다. 그런데 이 편지에서는 이가 기 안에 있다는 측면에서 볼 때 기발이라는 표현도 문제될 것이 없다는 입장을 보여주고 있다. 아마도 그는 기발이라는 표현이 오히려 자신의 주장을 더 명료하게 보여준다고 생각했던 것으로 보인다. 고봉의 입장을 정리하면, 성이 정으로 드러날 때는 모두 기발이고 기발 중 절도에 맞는 것은 사단과 동실이명(同實異

---

46) 『四七後書(高峯)』, 「四端七情後說」, 然而七情之發而中節者 則與四端初不異也 蓋七情雖屬於氣 而理固自在其中 其發而中節者乃天命之性·本然之體 則豈可謂是氣之發而異於四端耶?

名)이며, 사단은 기가 제멋대로 용사하지 않아서 이의 본 모습이 그대로 드러나므로 리발(理發)이라고도 표현할 수 있다는 것이다. 요컨대 기발 중 절도에 맞는 것은 곧바로 리발한 사단과 동실이명인 것이므로 이발 이라고 부를 수 있다는 말이었다. 이렇게 되면 기발은 오직 기만 발한 것이 아니며, 기는 이와 대립되는 개념이 아닌 이를 포괄하면서 병존하는 개념으로 간주되고 있다. 따라서 사단칠정 논변에 대한 논쟁의 결과는 퇴계와 고봉 모두 언어 상 표현의 변화만 있었을 뿐 자신의 초기 입장을 논쟁 끝까지 견지하고 있었다고 분석할 수 있을 것이다.

퇴계와 고봉이 논변을 통해서 유의미한 합의나 결말을 도출해내지 못한 이유로 그 둘이 사용하는 용어의 층위나 프레임이 달랐다고 분석하는 연구도 있다. 이러한 분석은 분명 퇴계와 고봉의 논변을 해명하는 중요한 성격 중 하나를 보여주지만 '서로 말이 통하지 않았다'는 식으로 논변의 의미를 지나치게 축소시키기 때문에, 도리어 오늘날 우리에게 사칠 논변이 어떤 유의미한 의미를 주는지 밝히기 어렵다는 한계를 지닌다고 생각한다. 따라서 사단칠정 논변을 재조명할 때 우리는 누가 이론적으로 우세했는지, 무엇을 쟁점으로 삼았는지에 집중하기보다는, 그들이 논변을 통해 무엇을 말하고 싶어 했는지에 주목하는 것이 필요하다고 본다. 필자가 보기에 사단칠정 논변의 의의 중하나는 그들이 도덕을 감정의 문제로 접근해서 이해했던 점에 있는 것 같다

3부 율곡과 우계의 논변

우계牛溪 성혼(成渾, 1535~1598)과 율곡栗谷 이이(李珥, 1536~1584)
의 논변은 퇴계와 고봉과의 사칠 논변이 끝난 지 6년 뒤 1572년에 시
작되었다. 이 논변은 9차례의 서신을 왕복하며 6년여에 걸쳐 이루어졌
는데, 사람들은 앞서의 퇴계와 고봉과의 사칠 논변의 연장이라고 말한
다. 이번 우계와 율곡의 논변은 퇴계와 고봉과의 논변보다 더 포괄적이
고 심도 깊게 이루어졌다고 볼 수 있다. 특히 이들의 논변은 율곡에게
우계가 도심과 인심의 문제에 대한 질문으로 시작이 되었다. 율곡과 우
계는 모두 조선 중기의 문신이며 학자로서 성리학이 가장 성숙되고 심
화된 시기였으므로 이들의 성리설은 주희 이후 중국 성리학의 이론에
대해서 더욱 자세하고 꼼꼼하게 심화시켜 놓았다.

다음은 인심 도심설의 유래와 사단 칠정을 살펴보고, 우계와 율곡의
서신의 내용으로 우계와 율곡의 인심과 도심의 관계와 사단과 칠정에
대한 정의와 그 관계에 대해 정립하고 우계와 율곡은 어떠한 생각의 차
이를 가지고 있는가에 대해서도 살펴보고자 한다.

1. 인심 도심 논변의 발달과 전개

퇴계와 고봉의 사칠논변이 종결되고, 4년 뒤인 1570년에는 퇴계가 사망

하고 다시 2년 뒤인 1572년에는 고봉이 비교적 젊은 나이에 사망한다. 고봉이 사망한 바로 그 해에, 우계가 율곡에게 퇴계의 사단칠정론에 대한 의견을 묻는 서신을 보내는데, 이것이 사칠논변의 두 번째 논변인 인심도심 논변의 발단이 되었다. 우계와 율곡은 각각 9차례씩 서신을 주고받은 것으로 알려져 있는데, 율곡의 서신은 모두 전해지는 반면에 우계의 서신은 3, 7, 8, 9서는 분실되어 전해지지 않는다. 그러나 분실된 서신의 내용 일부가 율곡의 서신에서 언급되고 있으므로 제한적이나마 그들의 논변이 지닌 연속성을 찾아볼 수 있다.

우계와 율곡 간의 논변에서는 우계가 율곡에게 본인이 갖고 있는 의문에 대한 질문에서 시작된다. 우계의 질문은 사단칠정과 더불어 인심(人心), 도심(道心)의 문제까지 함께 언급하고 있다. 우계는 율곡에게 보내는 제1 서신에서 본인의 생각을 언급하지만 제2 서신에서 그의 문제의식에 대한 요지를 분명하게 드러내고 있다. "내가 묻고자 하는 것은 인심·도심과 사단칠정의 의미와 뜻이 같은가 다른가를 알게 되어 理와 氣가 서로 發한다는 이치가 정말로 맞는 것인지 알고자 하는 것이다."47) 이 말은 인심·도심과 사단칠정 전부가 이발 즉 성(性)이 아닌 정(情)의 범위에서 나누어진다면, 인심·도심을 구분하는 것처럼 사단 칠정을 구분하였을 경우 나타나는 문제는 없는지에 대해서 우계가 질문하는 것이다.

---

47)『牛溪集』卷四, 渾之發問 乃欲知四七之與人心道心 深意味之同不同.

이제 사단칠정 도를 말하면서 리에서 발하고 기에서 발한다고 하면 어떤 잘못이 있는가? 리와 기가 호발 하는 것은 천하의 정한 이치 라서 라서 퇴계의 의견도 역시 스스로 정당한 것이 아니겠는가? 그렇지만 氣가 따른다(기수지氣隨之)와 理가 탄다(리승지理乘之)고 하는 말은 정말 너무 길게 끌어들여 이치에 안 맞는 것 같구려. 내 생각으로는 사단과 칠정을 대거하여 말하면 사단은 리에서 발하고, 칠정은 기에서 발하는 것이 옳은 것이오.48)

퇴계의 호발설에 대해서 근본적으로 우계가 동의를 하는 것처럼 보이지만 그러나 '기수지(氣隨之)' 내용과 '리승지(理乘之)' 내용에는 차이가 있으며, 정지운이 『천명도』에 썼던 '사단은 리에서 발하고 칠정은 기에서 발한다'는 말이 차라리 적절하다고 설명 하고 있다. 즉, 우계는 사단과 칠정을 대거(對擧)해서 보는 입장에서는 퇴계 주장에 동의하지만 퇴계의 호발설을 해석하는 측면에서는 퇴계의 생각과 우계의 주장은 완연히 다르다. 즉 제2 서신에서는 성에서 주리와 주기를 구분 하는 것처럼 정에서 주리와 주기로 구분하는 것이 어떠한 잘못이 되겠냐면서 퇴계의 의견에 동의하는 것처럼 하였지만, 제6 서신에서는 기발 이후만을 문제 삼았다.

미발에는 비록 각각 리와 기가 발하는 계기가 없어도 발할 무렵에는 의욕이 동하는 것은 당연히 리나 기라고 말할 수 있으니, 이것은 각각

---

48) 『牛溪集』卷四, 今爲四端七情之圖而曰 發於理發於氣 有何不可乎 理與氣之互發乃爲天下之定理 而退翁所見 亦自正當耶 然氣隨之理乘之之說 正自施引太長 似失於名理也 愚意以爲 四七對擧而言 則謂之四發於理 七發於氣可也.

나온다는 의미가 아니다. 이것은 바로 퇴계가 말하는 호발의 의미이다. 사단과 칠정 전부 발하기 전에는 리를 주로 하는 주리와 기를 주로 하는 주기로 나눌 수 없으나, 발한 다음에는 나눌 수 있는 것으로 보는 것이다.

이러한 의미로 우계는 퇴계의 호발설을 해석하고 있다. 다시 말해, 발하기 이전에는 둘로 나누어 볼 수는 없다. 그러나 발한 이후부터는 단지 하나의 물건으로 함께 뭉쳐 있지만, 리를 주로 하고 아울러 기를 주로 하는 가운데, 안에서 나오고 밖에서 감응되어 두 가지 의미가 있다는 뜻에서 퇴계의 대거 방식이 옳다는 것이다.

처음에 퇴계가 정지운의 『천명도』를 수정했을 당시의 기본 입장을 끝까지 고수한 것을 보아도 퇴계의 호발설은 주리 주기를 뛰어넘은 리의 능동성을 인정한 것이다. 그렇지만 우계가 생각하는 호발이란 다만 주리 주기라는 의미로 해석된다. 우계는 퇴계의 견해에 문제가 있음을 알면서도 인심과 도심으로 연관시켜 주리와 주기로 논하는 것에 대해서 특별히 문제가 되지 않을 것으로 생각하였을 것이다. 그러나 대거하는 방법에 대해서는 문제점을 지적하면서 다음과 같이 호발설을 비판한다.

> 퇴계의 호발설에 대해서 도를 아는 사람이 본다면 도리어 이것을 잘못 알까 우려스러운데, 모르는 사람이 본다면 사람을 그릇되게 함이 적지 않을 것이다. 더군다나 사단·칠정에 대해서 리기의 자리로 나누고 나누어진 양자(理·氣)가 발하여 따르고 탄다(兩發隨乘)는 것은, 말의 의미가 순조롭지 못하고 이치도 편안치 못하므로, 이런

것이 혼탁하여 퇴계의 말을 기뻐 하지 않는 까닭이다.[49]

호발설을 비판하는 까닭 중 하나는, 氣가 따른다[氣隨之]와 리가 탄다[理乘之]는 말이다. 너무 길게 끌어내므로 논리에 맞지 않는 것이고 그 다음은, 리와 기가 각각 발용 하여 단락을 나누는 것이 논리적으로 문제가 된다는 것이다. 그리고 인심과 도심에 대한 의견도 이런 인식 위에 자리하고 있는 것이다. 우계는 인심과 도심에 대해 의미를 규정하는 문제가 오히려 더 시급한 과제였다. 왜냐하면 인심과 도심이 정리되면, 사단 칠정과의 관계는 도리어 자연스럽게 결론을 이끌어 낼 문제였기 때문이다.

그러므로 우계는 퇴계의 호발설의 평가에 대하여 내심으로 꽤 갈등을 겪은 것으로 보인다. 호발설에 대한 문제점을 지적하는 가운데에서도 리기가 발한 후 나누어짐이라는 뜻에서 긍정의 태도가 이 상황을 말해주고 있다.

퇴계의 호발설에 대한 주의를 기울이는 것은 인심 도심설의 전개에서도 마찬가지다.

> 지난 날 주자의 인심 도심에 대한 학설을 독서해보니 혹은 생하고 혹은 근원의 논리가 있는 것이 퇴계의 뜻과 합치된 것이 유사하였다오. 고로 깊이 생각하여 보건대 그에 대한 많은 논의가 없던 순임금의 때에도 이미 이기호발의 설이 있었다고 한다면 퇴계의 논리는

---

49) 『牛溪集』, 卷四, 雖然退溪互發之說知道者 見之猶憂其錯會 不知者讀之則誤人不少矣況四七理氣之分位 兩發隨乘之分段 言意不順 名理未穩 此渾之所以不喜者也.

바뀔 수 없는 논리이오. 오래된 것은 버리고 반대로 바라는 것을 따르고자 하오. 그러므로 감히 그대에게 묻는 것이오.[50]

본래 우계는 퇴계의 학설에 관하여 의심을 갖고 있었다. 그렇지만, 주희의 인심과 도심을 분류하여 설명하는 방식이 퇴계의 학설과 비슷함을 발견하고 율곡에게 그 내용을 질문을 한 것이었다. 그렇지만 서신을 주고받는 과정에서 우계는 율곡의 학설에 대해서 어느 정도 인정을 하게 게 된다. 그러면서 도리어 율곡에게 아래와 같이 반문을 한다.

> 지난번에 보내 준 장서가운데 '문을 나설 때에 혹여 사람의 의사대로 말이 따르는 경우가 있고, 혹은 말이 가고자 하는 대로 사람이 말에게 맡기고 가는 경우에, 사람의 뜻대로 말이 나가는 것은 사람에 속하니 곧 도심이라하고, 말이 가는대로 사람이 맡긴 채 나가는 것은 말의 의사에 속하니 그것이 인심이다'라고 하였으며, 그리고 '성인에게도 인심이 없을 수 없으니, 아무리 말이 순하다 할지라도 어떻게 사람이 말의 발이 가고자 하는 대로 맡긴 채 문을 나설 때가 없겠는가!'라고 하였소.[51]

이 말은 율곡의 기발이승의 논리가 인마를 비유로 하는 논리하고는 차이가 난다는 주장인 것이다. 즉 모두가 기발을 하는데 거기에 리가 탄다고 말하고서, 그 다음 다시 말과 사람의 뜻으로 구분한다는 것에서 논리에 맞지 않는다는 것이다.

---

50) 『牛溪集』卷四, 頃日讀朱子人心道心之說 有或生或原之論 似以退溪之意合 故慨然以之在舜無許多議論時 已有理氣互發之說 則退翁之見不易論也 反欲 棄舊以從之故 敢發問於高明矣.
51) 『牛溪集』卷四, 昨賜長書中有曰 出門之時或有馬從人意而出者 或有人信馬 足而出者 馬從人意而出者屬之人 乃道心也 人信馬足而出者屬之馬 乃人心 也 又曰聖人不能無人心 譬如馬雖極馴 豈無或有人信馬足而出門之時乎.

도심이 기에서 발하지만 성명이 아니면 도심이 발할 수 없고, 인심의 근원이 성이라고 하여도 형기가 아니면 인심이 발할 수 없으니, 도심은 성명에 근원을 하며 인심은 형기에서 生한다는 말이 어찌하여 순하지 않겠느냐!52)

라는 내용에 대해서는 우계도 역시 사단칠정의 상황과 같이 발과 미발의 구별로 논의를 보다 확실하게 하고 있다.

사람이 리를 살핀다는 것은 이발한 다음으로 선과 악이 따라서 분리되는 것이고, 그것을 이름 하여 가로되 이와 같이 성이 발하고 나서 선하지 않는 것이 없다. 이처럼 기가 가지런하지 않아서 악으로 흐르는 것이다. 이것을 살핀다면, 단지 새로이 발동이 시작될 때 리를 주로 하거나 기를 주로 하여 동일하지 않은 것이 있는 것이지 원래부터 서로 발하여 각각 용사한 것이 아니다. 우리가 리를 보고 기를 본 것으로 말을 한 것이다. 이와 같이 구한다면 당신이 가르치고 알려준 것에 위배되지 아니할 것이다.53)

즉, 리와 기의 관계라는 것이 발동하기 이전과 발동한 다음의 상황을 명확히 구별하야 한다는 것이다. 발동하기 이전의 상태는 이기혼연의 상황으로 파악이 된다. 그리고 발동이후 부터는 리를 주로 하는 상황과 기를 주로 하는 상태로 구별하여 볼 수밖에 없는 것이다. 이와 같은 이론은 人心·道心의 경우에서도 같은 내용으로 적용된다고 할 수 있다.

---

52) 『牛溪集』 卷四, 發道心者氣也 而性命則道心不發 原人心者性也 而非性氣則 人心不發 以道心原於性命 以人心生於形氣 豈不順乎.

53) 『牛溪集』 卷四, 人之察理者, 由夫已發之後善惡之所由分者而名之曰 如此性之發而無不善也 如此氣之不齊而流於惡也 以此玩之則只於始動之際 而便有主理主氣之不同 非元爲互發而各用事也 人之見理見氣 各以其重而爲言也 如是求之 與吾兄之誨不背焉矣.

당신은 틀림없이 미발일 때에 氣가 발하는 것에 대해 理가 타고 다른 방법이 없다고 하셨는데, 나는 틀림없이 미발일 때에는 비록 理氣가 각각 묘맥의 발용이 없다고 하여도 처음 발할 때에 의욕이 동한다는 것은 당연히 主理 主氣라고 말할 수 있오. 그러나 이것은 각각 나오는 것은 아니고 곧 한 가지 길에 나가 그 중함을 취해 말하였다는 이는 바로 퇴계가 말씀하신 호발의 뜻이오.[54]

인심과 도심은 전부 情의 범위로서 그 이전, 즉 미발 상태로 있다고 할 수 있겠지만, 그러나 발하게 되면 주리와 주기의 구분은 할 수 밖에 없는 것이다. 따라서 우계의 이발과 기발에 관한 의미는 주로 영향을 미치는 것이 어떤 것 인가에 의하여 나뉠 수 있는 것이고, 구분에 대해서는 이발이 상태에서만이 논의될 것으로 볼 수 있다. 기존에 퇴계가 그 소종래를 구별하고 논하는 것과는 다르게 우계는 이발과 미발의 경우를 각각 구분을 지어서 이발일 때에는 퇴계의 대거 방식을 따르고, 미발일 경우에는 율곡 이이의 일도설을 따르고 있다. 따라서 기발이승 일도설氣發理乘一途說에 대해서도 우계는 율곡과 견해를 달리하였다.

2. 인심과 도심의 규정

우계는 인심· 도심과 사단칠정과의 관계에 대해서 어떻게 이해하고

---

54) 『牛溪集』 卷四, 吾兄必曰 氣發理乘 無他途也 渾則必曰 其未發也 雖無理氣各用
    之苗脈 纔發之際 意欲之動 當有主理主氣之可言也 非各出也 就一途而取其重而
    言也 此則退溪互發之意也.

있는가 에 대해서 정리하면 다음과 같다. 이 학술적인 문제는 서한에 드러나지만, 둘의 관계에 대해서만큼은 서한에 그다지 언급하고 있지 않다. 도리어 처음 율곡에게 보내는 서한에서 볼 수 있는데, 이러한 관계는 논의의 전제가 되고 있다고 보여 진다.

> 이제 도심을 사단으로 하는 것은 可하나 인심을 칠정이라 하는 것은 불가 하다. 그리고 사단칠정이란 性에서 發함을 말하는 것이요, 인심·도심이란 心에서 發하는 것을 말하는 것 이므로 그 명목과 의미 사이에 약간 같지 않음이 있다.55)

인심과 도심을 사단이라고 보는 입장은 일찍이 주희도 의견을 같이 하고 있는 부분이다. 사단에 대해서 온전한 선으로 보고 도심 역시 그렇다고 할 때에, 둘을 연결시키는 것은 주희의 견해를 계승한 것이다. 하지만 우계는 사단을 도심에, 또 한 칠정을 인심에 분속시키는 가운데에서도 도심을 사단과 완전히 같지 않다고 생각하지는 않았다. 그 이유로는 사단은 천리가 드러난 단서만을 가리키지만 도심은 마음의 시종과 유무를 관통하여 가리키는 것으로 보았기 때문이다.

우계는 성에서 발하는 사단칠정과, 심에서 발하는 인심·도심은 발용처에서 차이가 있다고 인식했다. 성에서의 발함과 심에서의 발함에 대한 의미는 인식단계로 볼 때, 심에서 발하는 것보다 다음 단계에

---

55) 『牛溪集』 卷四, 今以道心謂之四端可矣 而以人心謂之七情則不可矣 且夫四端七 情發於性者而言也 人心道心以發於心者而言也 其名目意味之間有不同焉.

해당한다고 볼 수 있다. 말할 것 없이 시간적인 선후문제로 인하여 단순하게 이 관계를 재단할 수 없지만, 논리적으로 선후관계에 대해 따져볼 때 심의 발보다 성의 발이 앞선다고 하는 것은 문제가 없다고 보여 진다. 그러므로 사단칠정과 인심·도심 전부 광의로 情에 해당하는 것은 같다고 말 할 수 있으나, 인식의 마지막 단계를 우계와 율곡의 논쟁은 성리학의 인성론에 관하여 구체적이고 심층적인 논의였다고 볼 수 있다. 따라서 우계와 율곡의 논쟁은 모두 주희의 성리설의 전제 위에서 논의였다고 할 수 있다. 하지만 주희가 완성한 인간과 자연에 대한 통일적인 이론체계에는 인간이 본래부터 타고난 심성에 관하여 상이한 이론 전개를 실현하는 가능성을 내재하고 있었다. 즉, 형이상이며 이치로서의 理와 형이하이면서 현실가운데 존재로서의 氣로 일컬어지던 자연과는 달리 人性에서의 지니게 되는 도덕가치 라는 의미에서 리의 범주가 선택되었고, 성리학에서 추구하는 선에 대한 당위성까지 지니게 되는 것이 가능해졌다. 결 국에서는 이와 같은 범주가 확대되고 아울러 리의 기능은 분명하고 뚜렷하지 않은 오점을 남긴 채 문제가 될 가능성을 도심과 인심으로 이해하는 것이다.

퇴계와 고봉의 논쟁이 이와 같은 문제에서 이루어졌고, 우계와 율곡의 논쟁 또한 마찬가지였다고 생각한다. 우계는 퇴계의 호발설에 대하여 기가 직접 발하는 주장에서는 문제가 있다고 보았지만 발하는 묘맥이 있고 나서는 리와 기가 대거(對擧)해도 괜찮다는 생각을 하였다. 이와 같은 입장에서 퇴계의 호발설을 본인 나름대로 해석하고 사단과 칠정을 분대(分對)하여 이해하려고 하였다. 아울러 인심과 도심까지도 사단칠정에 관하여 분대 방식을 고수하였다.

우계에게서 인심과 도심이란 서로 간에 분명하게 구분할 수 있는 문제였으며, 서로에게 전이되는 것은 될 수 없는 일이었다. 사단과 칠정은 성에서 발한 것이고 인심과 도심은 심에서 발한 것으로 차이가 난다고 보았다. 이것은 사단과 칠정을 정의 범주로 보고 인심과 도심을 심의 범주로 구분하여 본 것이다.

우계는 퇴계의 호발설에 관하여 그 이론의 적합성에는 분명히 문제가 있었지만 억매여 구애받지 않고 성리학의 요점으로 볼 수 있는 인간 선의 당위성에 대한 부분을 확보하는 것에서는 충실하였다는 면에서 대단히 긍정적인 시각으로 보았다. 우계는 가치와 사실의 두 문제에서 가치에 비중을 두었다고 한다면, 율곡은 가치와 사실 그 어디 한 곳에도 치우치려 하지 않았다. 이와 같은 모습에서 우계의 고민이 엿보이고 율곡은 이기론의 전통적인 견해를 바탕으로 인성론을 해석하려고 하는 점을 찾아볼 수 있다.

우계와 논변을 이끌어갔던 율곡은 사단이 칠정 가운데 선한 것들을 가리킨다고 말함으로써 율곡은 '칠정은 사단을 포함한다(七情包四端)'는 '칠포사(七包四)'의 명제를 세웠다. 칠포사는 퇴계와 고봉 간의 제1차 사단칠정 논변에서 이미 고봉이 제기하였고, 퇴계 또한 이를 부정하지는 않았다. 그러나 율곡의 칠포사 명제는 퇴계 고봉을 비롯하여 많은 성리학자들이 말하는 칠포사와는 근본적으로 다른 의미들을 함의한다.

율곡의 견해는 고봉의 견해와 동일하지만 우계의 견해와는 다르다. 또한 그는 고봉과 마찬가지로 사단과 칠정이 도심과 인심과는 다른 관계를 갖는다고 생각한다. 하지만 그것들의 관계를 구분하는 율곡의 기준은 고봉의 것과도 다르고 또한 우계의 것과도 다른 것으로 나타난다.

일반의 성리학자들이 말하는 칠포사는 다음 두 사실을 전제로 하고서 칠정은 사단을 포함한 모든 정의 전체집합 명칭이라는 것을 의미한다. 첫째, 사단과 칠정은 근본적으로 성격을 달리 하는 두 부류의 情의 집합이며, 둘째, 사단의 선악과 칠정의 선악은 각각 긍정된다. 반면에 율곡이 말하는 칠포사는 사단을 별도의 한 부류의 정 집합으로 인정하지 않는다. 율곡에 따르면 사단은 칠정 중 선한 정들의 일부를 지칭한다. 그리고 어느 정이 되었든, 모든 정은 도덕 가치와 직접 관련이 있다.

우계는 인심·도심과 사단칠정과의 관계에 대해서 어떻게 이해하고 있는가에 대해서 정리하여 살펴보고자 한다. 이 학술적인 문제는 서한에 드러나지만, 둘의 관계에 대해서만큼은 서한에 그다지 언급하고 있지 않다. 도리어 처음 율곡에게 보내는 서한에서 볼 수 있는데, 이러한 관계는 논의의 전제가 되고 있다고 보여 진다.

이제 도심을 사단으로 하는 것은 가하나 인심을 칠정이라 하는 것은 불가하다. 그리고 사단칠정이란 성에서 발함을 말하는 것이요, 인심·도심이란 심에서 발하는 것을 말하는 것 이므로 그 명목과 의미 사이에 약간 같지 않음이 있다.56)

인심과 도심을 사단이라고 보는 입장은 일찍이 주희도 의견을 같이하고 있는 부분이다. 사단에 대해서 온전한 선으로 보고 도심 역시 그렇다고 할 때에, 둘을 연결시키는 것은 주희의 견해를 계승한 것이다. 하지만 우계는 사단을 도심에, 또 한 칠정을 인심에 분속시키는 가운데에서도 도심을 사단과 완전히 같지 않다고 생각하지는 않았다. 그 이유로는 사단은 천리가 드러난 단서만을 가리키지만 도심은 마음의 시종과 유무를 관통하여 가리키는 것으로 보았기 때문이다.

우계는 성에서 발하는 사단칠정과, 심에서 발하는 인심· 도심은 발용처에서 차이가 있다고 인식했다. 성에서의 발함과 심에서의 발함에 대한 의미는 인식단계로 볼 때, 심에서 발하는 것보다 다음 단계에 해당한다고 볼 수 있다. 말할 것 없이 시간적인 선후문제로 인하여 단순하게 이 관계를 재단할 수 없지만, 논리적으로 선후관계에 대해 따져볼 때 심의 발보다 성의 발이 앞선다고 하는 것은 문제가 없다고 보여진다. 그러므로 사단칠정과 인심· 도심 전부 광의로 정에 해당하는 것은 같다고 말 할 수 있으나, 인식의 마지막 단계를 도심과 인심으로 이해하는 것이다.

---

56) 『牛溪集』 卷四, 今以道心謂之四端可矣 而以人心謂之七情則不可矣 且夫四端七情發於性者而言也 人心道心以發於心者而言也 其名目意味之間有不同焉.

우계와 율곡의 논쟁은 성리학의 인성론에 관하여 구체적이고 심층적인 논의였다고 볼 수 있다. 따라서 우계와 율곡의 논쟁은 모두 주희의 성리설의 전제 위에서 논의였다고 할 수 있다. 하지만 주희가 완성한 인간과 자연에 대한 통일적인 이론체계에는 인간이 본래부터 타고난 심성에 관하여 상이한 이론 전개를 실현하는 가능성을 내재하고 있었다. 즉, 형이상이며 이치로서의 리와 형이하이면서 현실가운데 존재로서의 기로 일컬어지던 자연과는 달리 인성에서의 지니게 되는 도덕가치 라는 의미에서 리의 범주가 선택되었고, 성리학에서 추구하는 선에 대한 당위성까지 지니게 되는 것이 가능해졌다. 결국에서는 이와 같은 범주가 확대되고 아울러 리의 기능은 분명하고 뚜렷하지 않은 오점을 남긴 채 문제가 될 가능성을 지니고 있었다.

퇴계와 고봉의 논쟁이 이와 같은 문제에서 이루어졌고, 우계와 율곡의 논쟁 또한 마찬가지였다고 생각한다. 우계는 퇴계의 호발설에 대하여 기가 직접 발하는 주장에서는 문제가 있다고 보았지만 발하는 묘맥이 있고 나서는 리와 기가 대거해도 괜찮다는 생각을 하였다. 이와 같은 입장에서 퇴계의 호발설을 본인 나름대로 해석하고 사단과 칠정을 분대(分對)하여 이해하려고 하였다. 아울러 인심과 도심까지도 사단칠정에 관하여 분대 방식을 고수하였다.

우계에게서 인심과 도심이란 서로 간에 분명하게 구분할 수 있는 문제였으며, 서로에게 전이되는 것은 될 수 없는 일이었다. 사단과 칠정은 성에서 발한 것이고 인심과 도심은 심에서 발한 것으로 차이가 난다고 보았다. 이것은 사단과 칠정을 정의 범주로 보고 인심과 도심을 심의 범주로 구분하여 본 것이다.

율곡의 인심과 도심은 고봉의 것과도 다르고 우계의 내용과도 다르다. 율곡은 임심과 도심에 대하여 다음과 같이 말한다.

> 인심과 도심은 정만을 가리키는 것이 아니라 정과 의를 겸해서 말한 것이다. 칠정은 사람의 마음이 움직이는 가운데 있는 일곱 가지의 정을 통틀어 말한 것이고, 사단은 칠정가운데에서 선한 것만을 취하여 말한 것으로서, 인심과 도심을 서로 대비하여 말한 것과는 다르다. 또한 정은 [의처럼] 발출하고 헤아리고 비교하기 이전으로서, 인심과 도심이 서로 시작이 되고 끝이 되는 것과는 다르다. 그러므로 양쪽을 말하려면 인심과 도심의 설을 따라야 하고, 선한 측면만을 말하려면 사단의 설을 따라야 하며, 선함과 악함을 겸하려면 칠정의 설을 따라야 한다.57)

사단과 칠정의 경우에는 후자가 전자를 포함하지만 도심과 인심의 경우에는 후자가 전자를 포함하지 않는다는 점이다. 다시 말해서, 사단과 칠정은 '칠포사'의 관계인 반면에, 도심과 인심은 인심이 도심을 포함하는'인포도(人包道)'의 관계가 아니며, 따라서 그 관계들이 서로 다르다는 것이다. 다음은 사단과 칠정은 '정'인 반면에, 도심과 인심은 '정과 의를

---

57) 『栗谷 1書』蓋人心道心兼情意而言也 不但指情也 七情則統言人心之動有此 七者 四端則就七情中 擇其善一邊而言也 固不如人心道心之相對說下矣 且情 是發出恁地 不及計較 則又不如人心道心之相爲終始矣 烏可强就而相準耶 今 欲兩邊說下 則當遵人心道心之說 欲說善一邊 則當遵四端之說 欲兼善惡說 則當遵七情之說 不必將枘就鑿 紛紛立論也.

겸한다.'는 점이다. '정'은 사물을 접함으로써 사람의 내부에서 발생하는 즉각적인 감각·지각·작용이라면, '의'는 이런 감각·지각의 내용을 '헤아리고 비교'하는 작용을 일컫는다. 이것은 결국 사단과 칠정은 도심과 인심과는 다른 범주에 속한다는 점에서 구분된다는 것이다. 위 인용문은 『율곡 1서』의 내용인데, 율곡은 『율곡 2서』에서도 계속하여 그것들을 구분하는 기준을 제시하고 있다.

> 칠정의 밖에 또 다른 사단은 없다. 그러므로 사단은 오로지 도심만을 말한 것이고, 칠정은 인심과 도심을 합하여서 말한 것이니, 인심과 도심이 스스로 두 쪽으로 나누어진 것과 어찌 확연히 다르지 않겠는가?[58]

사단이 도심과 동일한 성격을 갖는 반면에, 칠정은 인심과 도심의 성격을 모두 갖는다는 것이다. 율곡은 여기에서 사단이 칠정 가운데 선한 정을 지칭하며, 사단을 포함하는 칠정은 선과 악을 모두 포함한다는 점을 염두에 두고 있다. 위에서 보았듯이, 율곡은 '칠포사'를 인정하지만 '인포도'를 인정하지 않았다. 사실상 칠정은 선한 도심 이외에 인심도 포함한다는 그의 진술은 인심에 도심이 포함되지 않는다는 의미는 물론이고 칠정이 악한 성격을 갖는다는 의미도 함축한다. 달리 말해서, 만약 칠정과 인심이 동일한 성격을 갖는다면, 인심도 칠정과 마찬가지로 선과 악의 성격을 모두 포함한다고 말할 수 있을 것이다. 칠정과 인심이

---

58) 『栗谷 2書』, 七情之外 更無四端矣 然則四端專言道心 七情合人心道心而言之也 與人心道心之自分兩邊者 豈不逈然不同乎.

동일한 성격을 갖고 있지 않으며, 그렇기 때문에 이이는 칠정에 인심뿐만이 아니라 선한 도심도 포함된다고 말하는 것이다.

3. 율곡과 우계의 이기론(理氣論)

율곡과 우계의 이기론을 논하기 전에 앞서 주희의 이와 기에 대한 해석을 간단히 살펴보고자 한다. 주희는 우주 자연의 생성 변화를 이와 기로 설명하였다. 여기에서 기는 우주 만물을 생성 변화하는 주체이며 이는 만물이 생성되는 원리로 보았다. 생성 변화의 주체인 기는 생성변화의 재료이며 그 원리로서의 이는 만물을 생성하게 하는 도로써, 개별자인 인간과 사물로 생성될 때 기가 이를 품수(稟受)하여 형식으로 나타나 하나인 것처럼 보이지만, 그 경계는 명백하게 확연하다.

> 천지 사이에는 리도 있고 기도 있다. 이란 형이상의 도이며 만물을 생성하는 근본이다. 기란 형이하의 그릇이며 만물을 생성하는 재료이다. 그러므로 인간과 사물은 생성될 때에 반드시 이를 품수한 연후에야 본성을 가지며, 기를 품수한 연후에야 형태를 갖는다. 그 본성과 그 형태는 한 몸밖에 있는 것이 아니나 그 도와 그릇의 경계는 아주 분명하여 어지럽히면 안되는 것이다.[59]

우주 자연의 생성변화 속에서 이와 기는 서로 불가분리적으로 혼재한 상태로 유행(流行)하고 있다. 그러나 개념적으로 본다면 이와 기가 각

---

59) 『朱子大全』 答黃道夫書 天地之間 有理有氣 理也者 形而上之道也 生物之本也 氣也者 形而下之氣也 生物之具也 是以人物之生 必稟此理 然後有生 必稟此氣 然後有形 其性其 形雜不外乎一身 然其道器之間分際甚明 不可亂也

자의 상이한 특성상 분리된 것으로 파악될 수밖에 없다. 이기 양자는 개념적으로는 둘이지만, 실재상 하나의 모습으로 나타나며, 역설적이지만 그 역도 성립한다. 이기의 관계에 대한 명제들은 논리적으로는 상충될 수밖에 없는 모순이지만, 양자의 오묘한 관계성이 주희 이학이 갖는 특징이 아닐 수 없는 것이다.

이와 기는 결단코 두 개의 어떤 것이다. 사물의 차원에서 보 면 그 둘은 섞여 나누어지지 않은 채 각자가 한 곳에 있다. 그러나 그 둘은 각각 하나임을 해치지 않는다. 만약 이의 차원에서 보면 아직 사물이 없다 하더라도 사물의 이는 있다. 그러나 역시 단지 그 이만 있을 뿐 이 사물은 실제로 있는 것이 아니다.[60]

주희는 이기의 관계를 사물의 차원에서 보는 것과 이의 차원에서 보는 것을 명확히 구분하여 사용하고 있다. 즉 양자는 서로 혼합된 상태로 존재하는 동시에 서로 혼동될 수 없는 존재로 보면서, 둘이되 하나임을 해치지 않고 하나이지만 이는 개념적으로 분리될 수 있는 관계로 설명하고 있다. 이러한 주희 이학의 대전제는 조선성리학에서 달리 해석될 근본 여지를 갖게 한다. 그러나 율곡과 우계는 모두 주희의 이기 이해에 원론적으로 동의하고 있다.

주희의 사람과 말의 비유 내용이 있는데 다음과 같다.

---

60) 『朱子大全』 「答劉叔文」, 所謂理與氣 此決是二物 但在物上看 則二物流論 不可分開 各在一處 然不害二物之各爲一物也 若在理上看 則誰未有物 而巳有物之理 然亦但有其理而 巳 未官實有是物也.

태극은 사람과 같고 동정(動靜)은 말과 같다. 말은 사람을 태우는 것이며, 사람은 말을 타는 것이다. 말이 한 번 출입하면 사람도 또 한 그것과 더불어 한 번 출입하는 것이다. 생각건대 한번 동하고 한번 정하되 태극의 오묘함이 일찍이 있지 않은 적이 없다. 이것이 이른바 타는 바의 기틀로서 무극과 이오(음양오행)가 오묘하게 합해서 응결되기 때문이다.

주희는 사람과 말의 비유를 통해서 태극인 이와 음양인 기를 동정과 동정의 소이로 은유적으로 비유하고 있다. 구체적으로는 사람이 말을 타는 것을 태극인 이에, 말이 사람을 태우는 것을 동정인 기에 비유하고 있다. 즉 말이 출입하면 사람도 또한 말과 더불어 출입하는 것처럼 음양의 기가 동정하는 데에 태극의 오묘함이 일찍이 있지 않은 적이 없다고 원론적으로 설명해 주었다. 이렇게 볼 때 주자의 인마의 비유는 리가 기를 타고 유행(流行)하는 것을 밝히고자 하는 것이다. 여기서 탄다는 것은 내재의 의미로, 동정(氣)을 통해서 동정함 속에 내재된 태극(理) 역시 실현될 수밖에 없다는 것, 또 그렇게 되어야 한다는 것을 의미한다.

인승마의 비유는 율곡과 우계의 논리 논변에서도 찾아볼 수 있다. 퇴계가 이 비유를 이기와 사단칠정의 설명에 사용하였다면, 우계는 이기와 인심도심을 설명하는 데에 사용하고 있다. 특히 우계는 퇴계의 호발설을 지지하는 한편, 율곡의 기발리승일도의 주장에 대해 호발설의 타당성을 설득하기 위하여 주재(主宰)의 문제를 도입하였다.

인심과 도심의 설에 대해서는 아직도 오히려 의심이 없을 수 없다. 옛 사람이 말을 타고 출입하는 것으로 리가 기를 타고 유행하는 것을 비유하였는데 아주 좋다. 생각건대 사람은 말이 아니면 출입하지 못 하고, 말은 사람이 아니면 궤도를 잃게 되니, 사람과 말은 서로 의뢰하여 서로 떠날 수 없다. 그러므로 사람과 말이 문을 나설 때에 반드시 사람이 요구하면 말은 사람을 태우는 것이 바로 마치 리가 기의 주재가 되고 기가 그 이를 태우는 것과 같다. 문을 나설 즈음에 사람과 말 이 궤도를 따라 가는 것은 기가 이에 순응하여 발하는 것이다. 사람이 비록 말을 탔어도 말이 합부로 아무데나 달려 그 궤도를 따라가지 않는 것은 기가 합부로 마구 날뛰어서 혹 지나치기도 하고 혹 미치지 못 하기도 하는 것이다. 이것으로 이기의 유행에서 성기(誠幾)와 악기(惡幾)가 나뉘게 되는 이유를 추구해보면 어찌 명백하고 명쾌해서 성정(性情)·체용(體用)의 이치도 밝아 다른 갈래의 의혹이 없어지지 않겠는가.61)

우계 역시 주자가 인승마의 사람과 말을 理와 氣에 대비시켜 이를 타고 유행하는 것에 비유하는 것은 좋다고 하는 퇴계의 평가를 수용하고 있다. 그러나 우계는 인심도심의 문제에 활용하면서 주재의 문제를 도입시켜 비유의 생동감을 불어 넣어 주었다. 여기서 우계가 이 비유에 주재의 의미를 도입하는 한편, 이기의 유행에 성기(誠幾)와 악기(惡幾)의 문제 즉 의(意)의 문제를 덧붙여 제기한 것은 퇴계의 비유와 자못 구분된다.

---

61) 『栗谷全書』答成浩原 附問書(第四書), 至於人心道心之說 猶不能無疑焉 古人以人乘馬出入 譬理乘氣而行 正好 蓋人非馬不出入 馬非人失軌途 人馬相須不相離也 然則人馬之出門 必人欲之 而馬載之也 正如理爲氣之主宰 而氣乘其理也 及其出門之際 人馬由軌途者 氣之順理而發者也 人誰乘馬 而馬之橫 不由其軌者 氣之競騰決駿 而或過或不及者也 以此求理氣之流行 誠幾惡幾之所以分 則登不明白直截 而性情體用之理 可以昭 而無他 之惑矣.

- 79 -

다시 말하면 인간은 리가 기를 타고 유행 하는 것으로 설명하더라도, 의(意)를 가지고 선악을 결정짓는 주체라는 점을 우계는 분명히 밝혀 주고 있다. 이것은 선악의 주재성, 소급하여 이의 기에 대한 주재의 문제나 발출 문제는 사단칠정[情]의 문제가 아니라 인심도심[兼情意]의 문제 함축하고 있는 것으로 볼 수 있다. 주희의 인승마의 비유는 퇴계와 우계를 경과하며 도심의 주재성을 강조하는 것으로 의미가 전화되고 있다고 할 수 있다.

율곡은 우계와 같이 인승마(人乘馬)의 비유를 통해서 인심도심의 문제를 밝히고 있지만, 그는 사람과 말을 각각 사람의 본성[性]과 기품(氣稟)의 청탁수박(淸濁粹粕)에 비유하고 있다.

> 사람이 말을 탄 것으로 비유하면 사람은 성(性)이요, 말은 기질(氣質)이니 말의 성질이 혹 양순하기도 하고 불순하기도 한 것은 기품(氣稟)의 청탁수박(淸濁粹粕)의 다른 것이다. 문을 나설 때 혹 말이 사람의 뜻을 따라 나가는 경우(人信馬足)도 있고, 혹 사람이 말의 다리 만 믿고(信字는 任字와 같은 뜻이나 약간 다르다. 생각건대 任자는 알고서 일부러 맡기는 것이요, 信자는 알지 못 하면서 맡기는 것이다) 그대로 가는 경우(馬從人意) 도 있다. 말이 사람의 뜻을 따라 나가는 것은 사람에 속하는 것으로 곧 도심이요, 사람이 말의 다리를 믿고 나가는 것은 말에 속하는 것으로 곧 인심이다. 문 앞의 길은 사물의 마땅히 가야할 길이다. 사람이 말을 타고 아직 문을 나서지 않았을 때에는 사람이 말의 다리를 믿는 것과 말이 사람 의 뜻을 따르는 것 모두 그 단서가 없으니 이것은 인심과 도심이 서로 대립되는 묘맥이 본래 없는 것과 같다.… 이같이 비유를 든다면 인심도심 주리 주기의 설이 어찌 명백해지지 않겠는가? 만일 호발설로서 그것을 비유해 보면, 이는 아직 문을 나서 지 않았을 때는 사람과 말이

각각 처소를 달리하다가 문을 나선 뒤에 사람이 말을 타는데, 혹 사람이
나오고 말이 따르는 경우가 있고, 혹 말이 나오고 사람이 따르는 경우가
있다는 것이니 이는 명리를 모두 잃어버린 것으로 말도 안되는 것이다.[62]

　이상의 논의를 정리해 보면 퇴계와 우계 그리고 율곡은 인승마의 비유
에서 사람과 말을 리와 기에 비유하여 사람이 말에 타는 것〔乘〕 즉
理가 氣에 내재되어 유행하는 것에 비유한 것은 매우 좋다고 모두
원론적으로 동의하였다. 그러나 이를 전제로 전개되는 논의를 살펴보면
퇴계는 사람과 말을　사단과 칠정에 비유하였고, 퇴계의 설을 옹호하는
우계는 이 문제를 그대로 받아들이지 않고 인심과 도심의 비유로
변용하여 이를 성기(誠幾)인 도심과 악기(惡幾)인 인심의 비유로 바꾸어
이해했다. 율곡은 다시 이 비유를 성(性)과 기품의 청탁수박(淸濁粹粕)
에 사람과 말을 비유함 으로써 주자의 태극[理]과 동정[氣]의 비유와 만
나고 있다.

　이러한 비유의 차이는 결국 문제의식의 차이에서 비롯한 것인데,
퇴계는 인간의 마음을 이기의 구조를 심성정의 문제에까지 유비적
(類比的)으로 해명하려고 하였다면, 우계나 율곡은 이 비유를 이기의

---

62) 『栗谷全書』「答成浩原」(論理氣 第四書), (且)以人乘馬喩之 則人則 性也 馬則
氣質也 馬之性 或馴良 或不順者 氣裏淸濁粹駁之殊也 出門之時 或有馬從人意
而出者 或有人信 (信字與任字 同意而微不同 蓋任字 知之而故任之也信者 不知
而任之也) 馬足而出者 馬從人意而出者 屬之人 乃道心也 人信馬足而出者 屬
之馬 乃人心也 門前之路 事物當行之路也 人乘馬而未出門之時 人信馬足 馬從
人意 俱無端倪 此則人心道心 本無相對之苗脈也 …如此取喩 則人心道心·主理主
氣之說, 豈不明白易知乎 若以互發之說譬之 則是未出門之時 人馬異處 出門之後
人乃乘馬 而或有人出而馬隨之者 或有馬出而人隨之者矣 名理俱失 不成說話矣

- 81 -

구조를 심성정에 유비적으로 적용된다는 것을 전제로 삼으며, 그 속에서 선악이 나뉘게 되는 상황과 그것을 주재할 수 있는 기능의 관점에서 이해하려고 한 점에서 차이를 갖는다. 즉 우계로부터 율곡에 이르면서 마음의 문제가 실천상의 주재성 문제로 옮아가며 드디어 정의 문제가 확대되며 의지(意志) 문제의 중요성이 제기된 것이다.

퇴계와 고봉의 사칠이기(四七理氣) 논변과 율곡과 우계의 리기(理氣) 논변은 理氣의 이해를 전제로 인간의 마음을 어떻게 이해하고 발휘하느냐 하는 문제로서 구체적으로 이기와 심성정의(心性情意) 및 선악(善惡) ·시비(是非)의 문제와 관련된 것이라 할 수 있다. 퇴계와 고봉은 마음의 구조를 존재론적으로 해명하려고 하였다면, 율곡과 우계는 인간의 마음에 품부된 지각(知覺)이 감정과 의지의 방식으로 어떻게 드러나며 제어하고 주재할 수 있는지의 기능적 문제를 설명하였다. 퇴계와 고봉, 율곡과 우계의 이론적 체계는 주희의 리기 심성론의 정의를 계승한다는 공통점을 갖고 있지만, 각기 고유의 이론체계로 발전시키고 있다.

리기와 심성정의 이론적 체계를 구조화 시킬 경우 퇴계의 리기 심성론은 우계에게, 고봉의 리기 심성론은 율곡에게 이어지는 것처럼 정리할 수 있다. 그러나 이들의 리기 심성론의 이론 체계 이면에 나타난 문제 의식들을 의식하면서 그들이 자신의 철학적 문제들을 정립하면서 논변을 통하여 상대방을 비판하고 견지하는 점들을 살펴보면 이들의 이론

체계는 각기 고유의 특성들을 갖는다고 할 수 있다. 퇴계의 이기호발(理氣互發), 고봉의 이기공발(理氣共發), 율곡의 기발이승일도(氣發理乘一途), 우계의 이기일발일도 (理氣一發一途)등이 바로 그것이다. 그리고 위의 고찰을 통하여 이러한 이기론적 특성에 함축된 문제의식이 있음을 인승마(人乘馬)의 비유를 통해서 은유적으로 엿볼 수 있었다.

율곡과 우계의 논리기 논변의 문제 제기는 우계의 질의로부터 시작된다. 우계학파의 형성을 의식할 때, 퇴계설을 옹호하면서 시작되었던 우계의 입장과, 우계학파로 분류되는 학자들이 퇴계학파의 인물보다는 기호유학 즉 율곡학파의 인물들과 가깝다는 사실은 상식적으로 받아들이기 쉽지 않은 문제다. 그러나 퇴계 고봉 율곡 우계의 기본적인 전제는 주희의 이기 심성론에 두고 있으며, 이들의 차이는 한편으로는 주희의 이기 심성론이 갖고 있었던 원론적 문제에 기인한 것이었으며, 다른 한편으로는 이들의 문제가 발전 심화되는 과정 속에 나타났던 필연적인 것이다.

4부 조선의 이와 기

그동안 학자들이 조선에서의 이와 기론에 대해 요약하고 정리하거나 또는 성리학적 이론과의 유사성 여부를 살피었다. 이율곡은 주희의 이론을 많은 부분 수용하였으며, 또한 자신의 저술 속에서 퇴계나 나흠순 등을 언급하면서 비판하였기 때문에, 율곡의 사상을 그들의 사상과 비교하는 작업이 불가피하다는 생각이 든다. 그러므로 많은 학자들이 현대적인 관점에서 논문을 통하여 율곡과 주희와의 주장에 대해 비교를 하고 있다.

본고에서는 '리선기후(理先氣後)'의 문제와 '리기호발(理氣互發)'의 의미를 살펴보고, 율곡이 제시하는 '리기무선후(理氣無先後)'와 '기발리승(氣發理乘)'이 현대적 관점에서 타당한 것인가를 살피고자 한다.

1. 리기선후의 개념

이(理)와 기(氣) 개념이 성리학적 논의에서 가장 중요하고도 기초적인 개념임에는 이론의 여지가 없다. 그러나 문제는 바로 여기에서 출발한다. 이기 개념에 대한 논의가 그토록 중요함에도 불구하고, 그 개념들의 정확한 의미와 상관관계를 파악하기가 어렵기 때문이다. 진래(陣來)는 주희의 이기 개념을 "기는 모든 사물을 구성하는 재료이고, 리는 사물의 본질과 규칙이다."라고 규정한다. 이 규정에 따르면 사물의 존재를 전제하지 않는 리의 존재는 인정할 수 없게 된다. 왜냐하면 리는 그 자체로서 존재하는 본질이나 규칙이 아니라 '사물의' 본질이며, '사물의' 규칙이기 때문이다.

따라서 이 규정이 일관적으로 적용된다면, 리기의 선후(先後)나 리기의 호발(互發) 등에 관한 문제는 제기되지 않을 것으로 보인다. 하지만 율곡에 있어서 그런 문제들은 다른 논의에 앞서 논파되어야 할 주요문제들로 떠오르고 있다. 앞에서도 보았듯이, 율곡은 퇴계 이황의 '리기호발설'이 리와 기 사이의 '시간적인 선후'와 '공간적인 이합(결합과 분리)'을 함축한다는 점에서 강하게 반발한다. 그가 퇴계의 견해를 반박하기 위해 제시하는 근거는 리와 기가 결코 둘 [二物] 이 아니라 하나 [一物] 라는 것이다.

현대적인 관점에서 볼 때, 리기선후가 인정된다면 리와 기의 시공간적 분리를 인정할 수밖에 없고, 또한 리기호발을 인정한다면 리와 기가 모두 물리적인 요소임을 인정할 수밖에 없다는 결론에 이르게 되는 중대한 문제이다. 여기에서는 먼저 리기선후 문제가 제기되는 이유를 지적하고, 그에 대한 이이의 견해를 검토한 뒤, 어떤 대안이 제시될 수 있는가를 살펴보자.

주희는 주자어류에서 리기선후의 문제를 제기하고 있으나 그의 입장은 명확하지가 않다. 그는 여러 번에 걸쳐서 "리기의 선후를 말할 수 없다."는 '리기무선후(理氣無先後)'와 "리기가 서로 떨어질 수 없다."는 '리기불상리(理氣不相離)'를 주장하면서도, 다른 한편으로 "리가 기보다 선재(先在)한다."는 '리선기후(理先氣後)'를 인정하는 것으로 보이기 때문이다.63) 주희의 이러한 모순적인 태도와 관련하여, 학자들은 그가 주장한 리기의 선후는 '시간적 선후'가 아니라 '논리적 선후'라는 해석을 제시하였다.

'리기선후'를 문자 그대로 이해할 때, 그것은 우선적으로 리기의 시간적인 분리로 이해되며, 또한 시간적인 분리는 공간적인 분리를 함축하는 것으로 이해된다. 이것은 결국 리의 실체성, 즉 기로부터 독립된 리의 존재를 인정하는 것이 된다. 리에 대한 이런 방식의 이해는 '리기의 선후가 없음'을 함축하는 리기의 '불상잡(不相雜)'이나 '불상리(不相離)'를 주장하는 주희의 다른 주장과 모순이 되며, 당연히 주희의 이론적 일관성에 의문을 제기하게 만든다.

따라서 주희를 공부하는 학자들이 그의 이론적 일관성을 주장하려면, 리선기후나 리기무선후 가운데 하나를 선택할 수밖에 없다. 이러한 과정에서 그들은 리기무선후를 선택하는 한편, 리선기후를 주장하는 주희의 진술을 일관적인 맥락에 포용하기 위한 수단으로 "논리적 선후"라는 용어를 사용하는 것으로 보인다. 이것은 분명히 리선기후를 주희의 기본적인 주장으로 간주하는 한편, 그와 상반된 리기무선후를 주장하는 진술들을 일관적인 맥락으로 끌어들이는 것보다 손쉬운 방법이긴 하다. 하지만 이것이 우리가 리기의 시간적인 분리나 공간적인 분리를 함축하

---

63) 『朱子語類』, 未有天地之先畢竟也只是理 有此理便有此天地 先有箇天理了却有氣 理未嘗離乎氣 然理形而上者氣形而下者自形而上下言豈無先後 理與氣本無先後之可言但推上去時却如理在先氣在後相似 要之也先有理

는 리선기후를 주희의 주장으로 간주해서는 안 될 충분한 이유가 되지는 못한다.

리기의 논리적 선후 관계를 주장하는 이유는 흔히 다음과 같이 회자된다. "주자는 理先氣後에 대해 말하기를 '요컨대 먼저 이 리가 있다. 그러나 오늘 리가 있고 내일 기가 있다는 것은 아니다.'라고 하여 리선기후가 시간적 선후는 아니라고 하였다."[64] 이 내용은 학자들이 '논리적 선후'라는 새로운 용어를 사용하는 것은 단지 "시간적 선후가 아니다."라는 주희의 말을 적절하게 표현하려는 것에 불과하다고 지적하지만, 그것이 정확히 무엇을 의미하는가에 대해서는 아무런 설명을 하지 않는다. 이런 성향은 다른 많은 학자들에게서도 발견된다. 그들도 "시간적 선후가 아니다."라는 문장의 의미를 규명하기보다는 단지 그 말을 "논리적 선후이다."라는 문장으로 대체해서 사용할 뿐, 그 문장의 의미는 설명하지 않는다. 그러나 이러한 표현의 대체는 모순된 것으로 보이는 주희의 입장을 해결하는데 별로 도움이 되지 않으며, 문제는 그대로 남아있다.

이율곡은 리기선후에 대해서 어떠한 견해를 갖는가를 살펴보겠다. '리기선후'의 문제는 이황의 '리기호발설'을 반박하는 과정에서 제기되었다. 율곡은 '리기호발설'이 '시간적 선후'와 '공간적 이합(離合, 분리와 결합)'을 함축한다고 생각하기 때문이다. 퇴계가 '리도 발하고 기도 발

---

64) 이동희, 『동아시아 주자학 비교연구』 계명대학교 출판부, 2005, pp. 34-35참조.

한다'는 '리기호발설'을 주장한 것은 사실이다. 하지만 사칠논변에 국한해서 말하자면, 그는 리나 기가 '현실 속에서 실제로' 각각 발한다거나 또는 리와 기가 '현실 속에서 실제로' 분리된다고 말하지는 않았다. 그 것이 비록 이황에 대한 잘못된 이해로부터 비롯되긴 했지만, 이이는 '리 기호발설'이 실질적인 '발'과 실질적인 '분리'를 함축한다고 생각하기 때 문에, 그런 문제에 대한 반론을 제기하는 것이다. 그는 이 문제에 대해 단호하게 반대의 입장을 제시한다.

> 리와 기는 시작이 없고, 사실상 선후를 말할 수 없다. 다만 그 소이연을 추측해볼 때, 리가 추뉴(樞紐)와 근저(根柢)이며, 따라서 어쩔 수 없이 리가 우선한다고 하는 것이다. 성현의 말씀이 비록 많지만, 요지는 이와 같을 뿐 이다. 만약 사물의 측면에서 본다면, 리가 우선하고 기는 뒤에 있다. 대개 천지가 생겨나기 전에는 천지의 리가 없다고 말할 수 없다. 미루어볼 때, 모든 사물들이 다 그렇다.[65]

위 인용문에서 율곡은 理와 氣는 선후가 없다는 자신의 견해를 분명 하게 밝힌다. 그러나 리가 기보다 앞선다고 말하고 있으며, '어쩔 수 없 이'와 '만약 사물의 측면에서 본다면'이라는 표현을 사용하는 표현 때문 에 현대 학자들이 주희에 대해 주장하듯이 율곡도 "리의 논리적 선재" 를 인정하고 있다고 해석할 수 있는 여지가 있다. 하지만 '천지가 생겨

---

65) 『李珥 9書』, 理氣無始實無先後之可言 但推本其所以然 則理是樞紐根底 故不得不 不以理爲先 聖賢之言雖積千萬 大要不過如此而已 若於物上觀 則分明先有理 而後有氣 蓋 天地未生之前 不可謂無天地之理也 推之物皆然.

나기 전에는 천지의 리가 없다'는 주장이 있어 문제가 달라진다. 율곡은 분명히 "리의 시간적 선재"를 인정하는 것으로 보이며, 이렇게 되면 율곡 또한 리기선후에 대해 애매한 입장을 취하고 있다는 비난을 면할 수가 없을 것이다.

율곡이 이런 비난을 면하기 위한 유일한 방법은 천지의 생성을 부정하고 영원성을 주장하는 것이다. 천지는 리와 기로 구성되었으며, 이런 천지가 항상 존재해왔다면 리의 시간적 선재를 인정할 필요가 없게 되기 때문이다. 사실상 율곡은 다른 곳에서 천지의 영원성을 주장하였다.

> 성현의 말씀에 과연 미진한 데가 있다. 다만 태극이 음양을 낳는다고 말했을 뿐, 음양이 본래부터 있고 처음 생겼던 때가 있지 않다는 말을 하지 않았기 때문이다. 따라서 문자 그대로 해석하는 사람은 기가 아직 생기지 않았을 때는 다만 리만 있을 뿐이라고 말한다. 이것은 진실로 하나의 잘못이다.[66]

'천지가 존재하지 않았던 때가 없다.'는 내용을 담은 이 글은 현대인들로 하여금 율곡을 합리적인 인물로 간주하게 만들 만한 글이다. 그 이유는 성리학에서 태극은 리를 의미한다. 따라서 "태극이 음양을 낳는다."는 말은 결국 "리가 음양을 낳는다."는 말이다. 그러나 여기에서 '리'는 '기를 배제한 리' 또는 '기에서 분리되어 존재하는 리'를 지칭하

---

66) 『栗谷全書』 卷9, 答朴和叔 聖賢之說果有未盡處 以但言太極生兩儀而不言陰陽本有非有始生之時故也 是故緣文生解者乃曰氣之未生也 只有理而已 此固一病也.

는 한편, 음양은 기를 지칭하므로, 결과적으로 '태극이 음양을 낳는다'
는 말은 '리가 기를 낳는다'는 말이다.

그런데 일반적으로, 리는 형이상(形而上)이며 조작이나 운동을 겪지 않
는 존재인 반면에, 기는 형이하(形而下)이며 조작이나 운동을 겪는 존재
로 말해지며, 따라서 '리가 기를 낳는다'는 말을 문자 그대로 받아들인
다면 그것은 성리학에서 수용되지 않는다. 이것은 현대과학적인 측면에
서 볼 때도 마찬가지이다. 모든 물리적인 것은 어떤 종류의 운동(변화)
이든 겪게 마련이며, 따라서 운동이 없다는 것은 리가 물리적인 요소가
아니라는 결론으로 이끌어진다.

그러므로 '비물리적인 것이 물리적인 것을 낳는다'는 의미로 이해되는
'리가 기를 낳는다'는 말은 현대적인 관점에서도 거부될 수밖에 없다.
400여 년 이전에 생존했던 율곡이 그러한 기초과학적인 견해를 가졌는
가 하는 문제도 그 자체로 흥미로운 주제이긴 하지만, 그와는 별도로
위의 인용문에서 그는 현대적으로 수용될만한 결론, 즉 '리에서 기가 나
올 수 없다.'는 결론을 제시하고 있다.[67] '비물리적인 리에서 물리적인
기가 나온다'는 주장은 '무에서 유를 창조한다'는 주장과 마찬가지로 납
득하기 힘들며, 따라서 우리는 그런 주장을 거부했던 율곡의 합리적인
결론에 손을 들어주게 되는 것이다.

---

67) 『栗谷全書』卷20, 「성학집요」 2, 動靜之機 非有以使之也 理氣亦非有先後之可言
也 第以氣之動靜也 須是理爲根柢 故曰太極動而生陽 靜而生陰 若執此言 以爲太極
獨立於陰陽之前 陰陽自無而有 則非所謂陰陽無始也 最宜活看而深玩也.

2. 리기의 호발

　주희에게서 나타나는 리선기후의 승인 여부가 중요한 근본적인 이유는 그것을 인정한다는 것이 리가 기와는 별도로 존재하는 독립적 실체임을 인정하는 것이 된다. 더구나 리에 대한 주희의 규정을 고려할 때, 리는 독립적이고 물리적인 것, 즉 실체가 아니라 비물리적인 실체로 이해된다. 이에 대해 근본적으로는 비물리적인 실체라는 것이 존재 가능 하느냐는 회의적인 반응이 제기될 수 있다. 리선기후의 문제 이외에, 주희의 이론에서 리의 비물리적인 실체성을 승인하는 증서도 쓰일 수 있는 것이 바로 理發의 문제이다.

　국내에서 리발과 관련한 논의는 사단칠정(四端七情)의 소종래에 대한 퇴계와 고봉의 논의에서 나타난다.[68] 특히, 퇴계는 본체론에서 리동설(理動說)을, 심성론에서 리발설(理發說)을, 그리고 인식론에서 리도설(理到說또는 理自到說)을 각각 주장함으로써, 리의 역동성을 인정하는 그 나름대로의 일관적인 이론 체계를 갖고 있었다고 알려져 있다. 퇴계가 '논리적인 무리를 감수하면서까지 리발설을 굽히지 않았던 것'은 '리의 절대선이 性이라는 형이상학적인 차원뿐만이 아니라 사단이라는 情의 차원에서 구체적으로 실현된다고 하는 강한 도덕적 의지를 언표'하기

---

68) 조장연, 「牛溪와 栗谷의 心性論研究-왕복 서신을 중심으로」, 『동양철학연구』 제18집, (1998) pp.189-191 참조.

위해서였다[69]고 주장하기도 한다.

그러나 그가 덧붙여 말하듯이, "이발설이 갖는 윤리적 가치가 아무리 중요하다고 할지라도 형이상자인 리를 발로 서술하는 데에서 야기되는 논리적인 문제점이 모두 해소되는 것은 아니다."[70]고 한다.

사실상 현대 서양과학에서는 물리적인 것을 넘어선 존재를 승인하는 문제에 대해 부정적인 또는 유보적인 태도를 보이며, 이러한 경험과학적인 증거를 무시할 수 없기 때문에 철학에서도 이론적으로는 물리론(physicalism)만을 인정하게 된다. 특히, 심리철학 분야에서는 너무도 분명한 정신의 존재와 관련하여 그것의 정확한 존재론적 위상을 밝히기 위한 논의가 아직도 계속되고 있지만, 그것도 대부분 물리론적인 범주 내에서 다루어지며 정신의 비물리성을 인정하는 경우는 거의 없다. 그러나 성리학에서 리의 비물리성이 인정된다면, 그것은 심리철학에서 지금은 대체로 거부되는 이원론과 관련된다.

주지하듯이, 서양철학에서 이원론(dualism)은 영혼과 육체 또는 정신과 육체가 서로의 존재를 전제함이 없이 독립적으로 존재 가능하다는 이론을 지칭한다. 즉, 육체는 사멸해도 영혼은 살아남는 경우를 지칭한다. 따라서 육체로부터 독립된 영혼의 존재를 인정하는 플라톤이나 또는 (영혼과 정신을 동일시함으로써) 육체로부터 독립된 정신의 존재를 인정하는 데카르트의 이론이 바로 이원론이다. 반면에 이러한 영혼이나 정

---

69) 최영진, 『조선조 유학사상사의 양상』, 성균관대학교 출판부. 2005, p.87.
70) 같은 책, p.80.

신의 독립성을 부정하고 물리적인 육체만을 인정하는 물질론(materia lism) 또는 물리론(physicalism), 그리고 물리적인 것의 존재를 전혀 인정하지 않고 정신적인 관념만을 인정하는 관념론(idealism)은 일원론(monism)에 속한다.

1960년경부터 활발하게 논의되던 서양 심리철학 분야에서 언급되는 물리론(또는 물질론)의 물질(matter)은 근대적인 의미의 물질, 즉 그 자체의 본질적인 생명성이라든가 운동성(역동성)을 지니지 않는 죽은 물질을 지칭한다. 반면에 서양고대에서 주로 언급되던 물질(matter), 즉 국내에서 주로 '질료'라고 번역되는 서양고대의 물질 개념은 그 나름대로의 생명성이나 운동성을 지닌 살아있는 물질을 지칭한다. 이러한 서양고대의 이론은 근대의 물리론과 구분하여 물활론(hylozoism 또는 animism)이라 불리며, 근대 이후의 과학적인 관점에서는 인정되지 않는 이론이다.

우리가 아는 한, 이처럼 이원론, 관념론, 물활론이 모두 거부된 이후에 남게 되는 이론은 물리론이다. 그러나 다양한 정신 작용들이나 생명 작용들을 완전히 물질적 또는 물리적인 어떤 것에 불과하다는 식으로 설명하기 어렵고, 그렇다고 해서 물질론을 거부하고 검증되지 않는 추상적 존재자나 비물질적 존재자를 인정할 수도 없는 딜레마(dilemma)에 처한 현대 학자들은 다양한 형태의 물리론을 고안해냈으며, 그 결과 나타난 것이 라일의 행동론, 퍼트넘의 기능론, 김재권의 수반론 등이 있다

율곡은 리발을 인정하는 퇴계의 리기호발설을 거부하며, 더 나아가 리기호발설을 주장한다면 그것이 주희일지라도 틀렸음이 분명하다고 주장한다.71) 율곡은 리기호발을 명시적으로 거부하고 있다. 그 이유를 그는 다음과 같이 말하고 있다.

> ……발하는 것은 기요 발하는 까닭은 리니, 기가 아니면 발할 수 없고, 리가 아니면 발하는 까닭이 없다 …… 선후도 없고 이합도 없으니 호발이라고 말할 수 없다.72)

> 리는 형이상자요, 기는 형이하자이다. 이 둘은 서로 떨어질 수 없으며, 이미 서로 떨어질 수 없다면 그 발용도 하나이므로, 서로 발용 한다고 말할 수 없을 것이다. 만약 서로 발용 한다고 말한다면, 이것은 리가 발용 할 때 기가 혹 미치지 못하는 바가 있고, 기가 발용 할 때 리가 혹 미치지 못하는 바가 있을 것이다. 이와 같다면, 리와 기에는 떨어짐과 합해짐이 있고, 먼저와 나중이 있으며, 움직임과 고요함의 단초가 있고, 음과 양의 시작이 있게 되는 것이니, 그 착오가 적지 않을 것이다.73)

여기에서 율곡은 리기가 서로 떨어질 수 없는 불상리(不相離)의 관계에 있다는 점에서 리발을 거부한다. 만약 리기가 서로 떨어질 수 있다면, 리기의 선후 관계를 인정할 수밖에 없고, 또한 천지〔음양〕의 시초가 있었음을 인정할 수밖에 없기 때문이다. 이와 동일한 맥락에서 그는 또

---

71) 『栗谷 4書』, 若朱子眞以爲理氣互有發用 相對各出 則是朱子亦誤也.
72) 『栗谷 2書』, …… 發之者氣也 所以發者理也 非氣則不能發 非理則無所發……無先後 無離合不可謂互發也.
73) 『栗谷 4書』, 理形而上者 氣形而下者也 二者不能相離 旣不能相離 則其發用一也 不可謂互有發用也 若曰互有發用 則是理發用時 氣或有所不及 氣發用時 理或有所 不及也 如是則理氣有離合 有先後 動靜有端 陰陽有始矣 其錯不小矣.

한 다음과 같이 말한다.

> 리와 기는 원래 서로 떠나지 않으며, 하나의 사물과 유사하지만, (리와 기
> 의) 차이점은 리는 무형하고 기는 유형하며, 리는 무위하고 기는 유위하다
> 는 점이다. 무형하고 무위하면서 유형하고 유위한 것을 주재하는 것은 리
> 이며, 유형하고 유위하면서 무형하고 무위한 것의 그릇이 되는 것은 기이
> 다. 리가 무형하고 기가 유형하므로 리는 통하고 기는 국한되며, 리가 무위
> 하고 기가 유위하므로 기는 발하고 리는 (그 기에) 탄다.[74]

이제 율곡은 리와 기가 서로 떨어질 수 없는 불상리의 관계에 있다는
것 이외에, 리의 무형성과 무위성을 기의 유형성과 유위성에 대비시킨
다. 어떤 존재자가 형체를 갖지 않는다는 점에서 그것이 즉각적으로 우
리가 말하는 비물리적인 것과 동일시되는 것은 아니다. 왜냐하면 공기
나 다른 종류의 가스와 같은 물리적인 것도 경험적으로 드러나는 형체
를 갖지 않으며, 또한 반드시 오감에 의해 파악되지도 않기 때문이다.
그러나 물리적인 것에게서 운동성을 배제할 수는 없으며, 따라서 운동
성을 갖지 않는다고 말해지는 리는 이른바 비물리적인 존재자이거나 또
는 순수하게추상적인 관념과 동일시될 수 있는 것이다. 위 인용문에 따
르면, 이이는 리발(理發)의 가능성을 거부하고 '기발리승(氣發理乘)'을
주장하기에 이른다.

그러나 '기발리승'의 '승(乘)'을 리가 마치 사람이 말 위에 올라타는 것
과 같은 역동성을 지닌 것으로 이해한다면, 리의 실재성을 인정하는 것

---

74) 「栗谷 6書」 理氣元不相離 似是一物 而其所以異者 理無形也 氣有形也 理無爲也
氣有爲也 無形無爲 而爲有形有爲之主者 理也 有形有爲 而爲無形無爲之器者 氣也
理無形 而氣有形 故理通而氣局 理無爲 而氣有爲 故氣發而理乘.

이 되며, 더 나아가 리의 물리성을 인정하는 것이 된다. 비록 율곡이 '비물리적인 것'에 대한 명확한 개념을 갖고 있지 못했고, 또한 운동이 물리적인 것만의 속성이란 사실을 알지 못했다 하더라도, 최소한 그는 리가 기로부터 동떨어져 비물리적 실체로서 존재할 가능성은 허용하지 않고 있다. 이러한 이이의 관점은 현대의 경험과학적인 맥락에서도 수용될 수 있다. 물론 이 말은 율곡이 리발설을 거부한다는 점에 국한되며, 그의 모든 주장이 현대적으로 수용될 수 있다는 것은 아니다.

율곡의 "기발리승일도"는 언뜻 보면 '기는 리에 영향을 미치지만, 리는 기에 영향을 미치지 않는다는 한 방향(一方)으로의 운동'을 인정하는 것으로 오해할 수가 있다. "일도(一途)"란 단어가 '리는 기에 영향을 미치지 않지만, 기는 리에 영향을 미치는 한 방향의 발(發)로 이해될 수 있기 때문이다. 만약 그렇다면, 이 이론은 물리론의 일종이라기보다는 이원론의 일종으로 분류되는 '부수현상론(epiphenomenalism)'과 유사한 이론으로 볼 수 있게 된다. 부수현상론은 '인과 관계는 몸으로부터 마음 쪽으로 한 방향만 성립하고, 심리적 사건은 두뇌사건의 원인이 결코 아니며 단지 결과일 뿐이라는 이론'이며, 이 이론이 이원론인 이유는 비록 한 방향이지만 물리적인 것이 비물리적인 것에 영향을 미친다는 것을 인정하기 때문이다.

그러나 율곡의 이론은 부수현상론과는 다른 이론으로 나타난다. 그는 리발설을 거부하는 것은 물론이고 리와 기의 상호작용도 거부하며 또한 리와 기 가운데 한 가지 방향으로 진행되는 작용마저 거부하기 때문이다. 율곡은 기발리승에 대하여 이렇게 말한다.

> 기가 발하고 리가 탄다는 것은 무슨 말인가? 음이 고요하고 양이 운동하는 것은 기틀이 스스로 그러한 것이지 시켜서 그러한 것이 아니다. 양이 운동하는 것은 리가 운동함을 타는 것이지 리가 운동하는 것이 아니며, 음이 고요한 것은 리가 고요함을 타는 것이지 리가 고요하기 때문이 아니다[75]

여기에서 율곡은 '기가 발하고 리가 탄다'는 말은 '스스로 그렇다'는 것이지 '다른 어떤 외적인 행위주체가 그것을 움직인다'는 것이 아니라고 말하고 있다. 다시 말해서, '기발리승'은 리와 기의 관계를 말하기 위한 것이 아니라 사물의 운동이 내적 원인에 의한 것이지 외적 원인에 의한 것이 아님을 말하기 위한 것이다. 그러나 원인이 사물의 내부에 있다고 할지라도, 그 사물 내부에서 어떤 인과 관계 또는 과정을 거쳐 운동이 발생하는가 하는 문제는 여전히 설명되어야 하는 난제로 남게 된다. 결국 사물을 구성하는 것이 리와 기라고 한다면, 리와 기의 관계가 여전히 설명되어야 한다는 것이다. 이러한 내적 관계 또는 과정에 대한 설명을 결여하게 되면, 살아있는 물질을 주장했던 서양 고대의 물활론과 같은 것으로 간주될 위험성을 지니게 된다.

율곡은 분명히 모든 정신 작용, 운동 법칙, 또는 도덕적 본성 등이 물

---

75) 『栗谷 6書』氣發而理乘者 何謂也 陰靜陽動 機自爾也 非有使之者也 陽之動 則理乘於動 非理動也 陰之靜 則理乘於靜 非理靜也.

리적인 것만을 통해 설명될 수 있다고 주장하는 강한 물리론을 신봉하는 사람은 아니었다.

 그렇지만 그를 약한 물리론을 옹호했던 사람으로 해석하고, 따라서 그를 현대적인 맥락에서 수용될 수 있는 이론을 제시했던 사람으로 볼 수 있는 여지가 아직 남아있다. 강한 물리론은 정신적인 작용이 모두 물리적인 작용으로 설명된다고 말함으로써 존재론적인 환원과 설명론적인 환원을 모두 인정하는 이론인 반면에, 약한 물리론은 존재론적인 환원을 인정하지 않으면서 설명론적인 환원만을 인정하는 이론이라고 말할 수 있다. 그렇지만 정신이 실현되는 존재론적 기반으로서의 물리적인 어떤 것이 필요하다는 정도는 강한 물리론을 거부하는 약한 물리론에서도 인정하지만, 약한 물리론에서는 그러한 존재론적인 기반이 항상 동일한 것일 필요가 없다고 주장하고 또한 그러한 기반이 반드시 물리적인 것일 필요도 없다고 주장한다. 이것은 물리적인 것에 대한 정신의 존재론적인 의존성을 약화시키려는 의도에서 나온 주장이다.

아마도 많은 성리학자들은 이이를 리가 기 또는 기질로 환원(또는 설명)될 수 있다고 보는 단순한 물리론자로 규정하기를 원치 않을 지도 모른다. 사실상 이이가 다양한 정신적인 작용을 기를 통해 설명하면서도 리의 중요성을 강조하고 있으며, 따라서 그를 그런 식으로 규정하기가 어려운 것도 사실이다. 하지만 사물을 구성하는 구성요소로서의 리의 중요성 또는 역할을 강조하는 것만으로 그가 물리론자라는 규정을 벗어날 수 있는 것은 아니다. 정작 그를 그러한 단순한 물리론자로 간주되지 않게 하기 위해서는 리의 정확한 역할이 무엇인가를 밝혀야 하는 어려움이 있다. 그리고 그것은 이제 이이 자신의 어려움이 아니라 후세의 연구자들에게 맡겨진 어려움이다. 논자는 여기에서 사실이 아닌 것을 사실로 만들어야 한다고 제안하는 것이 아니다. 단지 종종 동일한 이론에 대해서도 다양한 해석이 가능하며, 따라서 그런 해석의 여지가 있다면 그런 점을 부각시켜 강조할 수는 있다는 점을 말하는 것이다. 이런 관점을 토대로, 우리는 이 글에서 "넓게는 성리학적 이론이, 그리고 좁게는 이이의 이론이 현대에도 논의될만한 가치를 지닌 이론인가?"라는 질문을 제기했고, 그에 대해 최소한 그의 리기론은 현대에도 수용될만한 합리적인 이론이라고 답변할 수 있음을 살펴보았다.

부 록

1. 조선후기 실학파의 태극론

중국 유학과 마찬가지로 조선 유학에서도 태극이라는 개념은 중요한 본체론의 개념으로 자리하고 있다. 특히 인성론의 측면에서 꽤나 많은 논쟁이 이루어졌던 조선 유학이 송대 성리학을 수용하였음에도 태극이란 개념은 여전히 철학적 논쟁의 대상이 되었다. 이는 태극 논쟁이 중국과는 달리 본체론 자체에 대한 이해보다 현실적으로 인간의 본성에 대한 탐구로 이어져 많은 논란이 있었기 때문으로 보인다. 마지막 조선 후기에서는 태극의 실학적인 입장에서 홍대용과 정약용의 사상으로 서학을 변용하여 담론들과 태극 개념이 미친 영향들을 고찰하고자 한다.

조선 후기에 이르러 태극에 대한 이해는 실학자들에 의해 커다란 변화가 있었다. 기존 성리학에서는 태극이란 만물의 존재론적 시원으로서 우주 만물의 존재 법칙이면서 동시에 당위적 원리까지 포함하는 리와 동일한 존재로서 이해되는데 반해서, 조선 후기 실학자들은 태극과 리를 같은 존재와 당위의 법칙에 대해서 탈각시켜 태극을 이해하였다.[76] 아울러 실학에서 도외시 되었던 이와 기에 대한 철학 사상에 지속적인 관심을 보이기 시작하면서 새로운 철학 사조의 실용성이 강조되어왔다. 또한 실학자들의 사상 체계에서도 이제는 리와 기를 만물의 근원과 생

---

76) 한국사상사연구회, 『조선유학의 개념들』, 예문서원 2011, p.41.

성 그리고 다양한 현상을 담아내는 범주로 사용되고 있고, 그것이 주희 철학에서 절대적 범주로 이해되던 리에 대한 비판적 입장에서 논의되었다.

이러한 맥락에서 조선 후기의 대표적인 실학자이자 사상가인 홍대용과 정약용의 사상을 분석하여 조선 후기 주희의 태극사상이 어떠한 영향을 미쳤는지를 살펴보고자 한다. 담헌 홍대용(1731~1783)과 다산 정약용(1762~1836)은 『천주실의』 등 다양한 서학서들을 접하면서 서학의 사상을 받아들였다.[77] 홍대용의 경우 우주 만물의 시원에 대해서 태허의 기로 설명하고, 氣一元으로 이해하였으며, 인간과 만물의 관계를 횡적인 수평적으로 이해하였다. 반면에 정약용은 리의 인격성에 대해서 문제를 삼으며 영명을 통하여 하늘과 인간을 종적인 수직적으로 이해하며 연결하였다. 그리고 오직 인간만이 하늘과 막힘이 없이 소통할 수 있는 영명한 존재로서 만물을 향유하고 주관할 권리를 가진다고 하였다.

> 태허에 텅 빈 듯하면서도 가득 차 있는 것은 기이다. 안과
> 바깥이 없으며 시작과 끝도 없다. 쌓인 기가 넓게 차고 넘치
> 며, 엉켜 모여 질을 이루고, 허공에 두루 퍼지면서 돌기도
> 하고 멈추기도 한다. 이른바 땅과 달, 해와 별이 이것이다.[78]

---

77) 김선희, 「서학을 만난 조선 유학의 인간 이해」, 『동양철학연구』, 동양철학 연구회, 2011, p.42.
78) 『湛軒書』, 「醫山問答」, 太虛寥廓 充塞者氣也 無內無外 無始無終 積氣汪洋 凝聚 成質 周布虛空 旋轉停住 所謂地月日星是也.

홍대용은 태허의 비어 있는 공간에 기의 실재를 말하면서 이 기의 운행과 활동을 통하여 만물이 형성된다고 설명하였다. 이때 만물 생성의 근원이 되는 측면에서 태허의 기는 태극과 대응하여 이해될 수 있다. 하지만 이는 단지 생성론적 우주론의 입장에서 동일하게 이해된 것이지, 존재와 가치로서의 함의를 동시에 담고 있던 성리학에서의 태극과는 같지 않다

이러한 태극의 이해에 대해서는 정약용의 경우에도 같게 나타난다. "태극이라는 것은 음양이 아직 분리되지 않고 혼돈된 상황 가운데 있는 물질이다. 태극이 나뉘어 하나의 음과 양이 생긴다고 할 수 있다."79) 본원의 기로부터 음과 양으로 나뉘고, 이것이 만물을 생성한다. 이러할 때 음양이 나누어지기 전 본원의 기가 바로 태극이다. 이 태극은 관념적이거나 원리로서의 리 개념이 절대로 아니다. 이것은 "천지가 아직 나누어지기 전 혼돈한 유형의 시작이며, 음양을 내면적으로 갖고 있는 태초의 기"80)이다. 정약용 철학의 기반에서도 태극만큼은 시원적 존재의 기로서만 이해되고 있다.

理氣論은 중국과 조선에서는 학문의 중심이자 전부였다. 그 가운데에서 특히 조선에서 리의 위상이란 절대적이었으며, 조선 학자들은 리기의 관계, 특히 리와 기에 대한 인격적 실현에 대해 집요하게 천착했으

---

79) 김근호, 『조선유학의 개념들』,「우주만물의 근원」, 예문서원, 2011, p.42.
80) 丁若鏞, 『易學緖言』卷3,「沙隨古占駁」참조.

나 어떤 경우에도 리의 주재성, 그리고 리에 대한 완전성은 의심되지 않았다. 홍대용은 점차 자신의 사상이 확립되면서 조선 학자들의 논쟁의 뿌리가 과연 어디에 있는가 라는 근본적인 의문에서 주자학의 기본적이면서 핵심 이론인 이기론에 대한 잘못된 이해에서 출발하였음을 자각하게 되었다. 그 결과 그는 성리학의 중요한 범주 중 하나인 리에 관하여 비판과 명확한 인식에서부터 논의를 시작하였다.

리란 일반적으로 기와 더불어 우주 만물을 설명하는 개념으로서 북송의 이정이 정립한 '天理'를 남송의 주희에 의해 집대성되어 모든 만물의 존재의 근원인 형이상자로 재정립시켰다. 홍대용은 그 리에 대해서 "理를 말함에 있어 정밀해질수록 심계는 날로 황폐해지고 類聚와 分屬의 법이 그 폐해를 열지 아니 못하게 되는 것이다."[81] 고 하며 지금의 사람들이 이 理를 너무나 궁리한 나머지 마음이 황폐해지고 아울러 많은 폐단까지 생기게 되었다면서 초월적 실재성, 선재성, 주재성, 작위성에 대해서 비판을 하고 있다. 이것은 모두 理의 특성으로서 理에 대한 초월적 실재성과 선재성에 대한 부정을 하여 '무형이유리(無形而有理)'를 말한 주희에게 반론을 제기하며 다음과 같이 비판을 한다.

무릇 理를 말하는 자 틀림없이 '형체가 없으며 理가 있다.' 고 한다. 벌써 형체가 없다고 한다면 있는 것은 어떤 것인가? 이미 理가 있다고 말한다고 한다면 어찌하여 형체가 없

---

81) 洪大容, 『湛軒書』, 「內集」卷一, 寄書杭士嚴鐵橋誠問庸義 談理愈精 而心界日荒 則類緊分屬之法 不能不啓其弊也.

으면서 있다고 말하는가? 대개 소리가 있으면 있다하고 색
이 있다면 있다하고 냄새와 맛이 있다면 있다한다. 이미 이
네 가지가 없다면 형체가 없고 방향이나 장소가 없는 것인
데 어찌하여 있다는 것은 어떤 것인가?82)

이 비판의 중심은 "형체가 없으면서 리가 있다."고 하는 그 말에 있
다. 이 말의 의미는 주희가 리를 태극과 연관지어 설명하는 가운데 '無
極而太極 無形而有理'라고 말한 것에 대해 홍대용은 '無形而有理'인 문
구만 문제 삼았지만, 전체의 문맥으로 환원시켜 이해할 필요성을 갖고
있다. '無極而太極'이란 구절은 「太極圖說」에서 주돈이가 한 말로 주희
가 여기에 주석을 달면서 하나의 리로서 태극을 이해하게 되었다. 당시
주희의 해설을 보면 다음과 같다.

무극을 말하지 않으면 태극이 하나의 사물과 같아져서 만 가
지 변화의 뿌리가 될 수 없고 또한 태극을 말하지 않으면 그
무극이 허무에 빠지게 되어 능히 만 가지 변화의 뿌리가 될
수 없다. '無極而太極'이라는 한 구절을 이러한 의미에서 살
펴야지 그 말하는 바가 정밀하여 미묘하기 그지없게 된다.83)

주희에게 太極이란 모든 만물의 근원이다. 그런 태극에 무극이라는 표
현은 앞에 있는 태극이라고만 말하면 태극을 하나의 사물로 오해할 수

---

82) 洪大容, 『湛軒書』「內集」卷一, '心性問' 凡言理者 必曰 無形而有理 段曰無形則
    有者 是何物 段曰有理 則豈有無形而謂之有者乎 蓋有聲則謂之有 有色則謂之有
    有　臭與味則謂之有 既無是四者 則是無形體無方所 所謂有者 是何物耶.
83) 『朱子大全』, 卷35 「答陸子美」, 不言無極 則太極同於一物 而不足爲萬化之根 不
    言太極 則無極淪於空寂 而不能爲萬化之根 只此一句 便見其下語精密 微妙無窮.

있고, 무극이라고 만하면 아무 것도 없는 텅빈 無로 생각할 수 있기에 그것을 조심하기 위한 것이라고 했다. 그렇다고 둘이 별개의 다른 존재라고 생각해서는 안 되는 것이다. '무극'과 '태극'은 같은 존재로 단지 두 가지 양태일 뿐이다. 다만 그것이 형태가 없으면서 이치를 가지고 있다는 것을 강조하는 표현으로 이해되어야 한다는 것이다. 마찬가지로 '無形而有理'에서 무형은 무극과 대비가 되고 유리는 태극과 대비되는 것이다. 따라서 리의 형체 없음이란 초월적 실재로서 理가 현상적 개체인 氣와는 존재론적으로 차별성을 갖는다는 것을 강조하는 것이다.

그러나 홍대용은 형체가 없는 리는 실존함을 증명할 수 없으므로 기에 있다고 말할 수 없고, 그리고 리 혼자만이 존재한다는 것은 불가능하다고 말한다. 바로 리는 기와 떨어져 있는 초월적인 실재도, 기보다 앞서 존재하는 것도 아니라고 하는 말이다. 그렇다고 해서 리와 기가 같다고 한 것이 아니고, 다만 기는 기이고 리는 리라고 하므로 기와 리 사이에 엄격한 구분을 강조하는 것이다.

> 대체적으로 합하여 말하면 器도 역시 道이고 道 역시 器이며, 나누어 말한다면 형이상이고 형이하이다. 기도 역시 도이고 도 역시 기이지만 도가 일찍이 기가 않 되었고 기가 일찍이 도가 되지 않았으며, 下가 일찍이 上을 떠나지 않았다.[84]

---

84) 洪大容,『湛軒書』,「內集」卷一, '孟子問疑', 盖合而言之器亦道道亦器 分而言之 形而上形而下 道亦器 器亦道 而道未嘗爲器 器未嘗爲道 形而上形而下 而上未嘗 離下 下未嘗離上.

지금 말하니, 理氣 二物이 원래부터 서로 떨어지지 않고 그 氣의 無形無聲 으로 나아가 리의 오묘함이 있으므로 氣의 형상과 소리가 없음을 곧 理의 형상과 소리가 없어도 무방하다 하면 나로서는 알 수 없다. 氣가 형상과 소리가 없음은 스스로 기가 형상과 소리가 없음이요, 리가 형상과 소리가 없음은 리가 스스로 형상과 소리가 없음이니 리기의 판이하게 다름이 하늘과 땅 같은데 이같이 물이 흘러 합하는 것과 같이 말하면 섞어 완전하며 모호하여 道와 氣의 나눔에 해로움이 있지 않을까? 또 리기가 서로 떨어지지 않는다 해서 氣가 그러하고 理가 그러하다면 形이 있고 聲이 있다는 것은 '氣가 형상과 소리가 있으니 리도 또한 형상과 소리가 있다'고 말할 수 있겠는가?[85]

  이러한 점은 결국은 성리학의 리와 기의 관계를 보다 명확히 하려는 의도로 볼 수 있는데 일반적으로 성리학에서 말하는 理는 형이상의 道이고 氣는 형이하의 器로 道와 器의 구분은 명백하다. 그렇다고 리기를 두 존재로 볼 수 없다는 의미로 불상잡, 불상리의 관계로 이해하고 있다. 리와 기는 존재론적으로는 다른 영역에 속하면서 서로 섞일 수 없으나 생성론적으로 볼 때는 사물이 생성될 때는 함께 존재하므로 서로 떨어질 수 없다. 그러나 논리적으로 말한다면 반드시 리가 먼저 있다고 말해야 하는 것이다. 리 없는 기는 존재 할 수 없다. 이유는 리는 기의

---

85) 洪大容,『湛軒書』,「內集」 卷一, 中庸問疑 今曰理氣二物元不相離 卽其氣之無形無聲 而理之微妙在焉 故氣之元形與聲 便不訪謂之理之無形與聲云(或說如此) 則窃所未曉氣無 形聲自氣无形聲 理無形聲 自理無形聲 理氣之懸判 若天壤如是浪合爲 說不幾於混圖聽鶻突 而有害於道器之分耶 且以埋氣不相離 而謂之氣然理然 則有形 有聲可謂 氣有形聲而 理亦有形聲耶.

존재 근거이기 때문이다. 그러므로 리는 초월적 실재이며, 기보다 우선하는 절대성을 가진 것으로 이해된다.

결국 주희는 리와 기의 존재론적인 차별성을 마음에 두고 리가 형체가 없으면서 있다고 말한 것인데도 홍대용은 이것을 부정하고 나섰다. 그는 바로 기로부터 떨어진 리는 존재할 수 없음을 분명히 했다. 이것은 존재론적인 차별성보다는 만물의 생성론적 측면을 더욱 강조하였고, 현상과 본질은 확실하게 구분되어야 하지만 현상과 떨어진 별개로서의 본질이란 존재할 수 없다. 즉, 본질이란 현상에 의해 스스로의 존재를 보장받게 된다는 의미이다. 즉, 리와 기의 관계를 불상잡과 불상리로 분명히 하려고 하였다.

이러한 점은 리기의 선후 문제도 마찬가지다. 주희는 리와 기가 불상잡과 불상리의 관계로 항상 함께 존재한다고 하지만 단, 시간상이나 논리상으로는 언제나 리가 선재하는 것이라고 말한다. 하지만 홍대용은 주희의 단서 조건에도 불구하고 리와 기는 원칙적으로 선후를 따질 수 없다고 한다.

> 리와 기의 선후에 관하여는 옛부터 儒者들이 서로 다른 주장을 하였는데 중용주설에서는 형체가 이루어진 다음에야 비로소 리가 주어진다고 하지 않았다. 신의 생각으로는 리와 기가 있다고 한다면 함께 있게 되는 것이요. 본래는 선후를 구분할 수 없는 것으로 본다. 대개 천하에 리 없는 사물이 없고, 사물이 아니면 리 또한 붙을 데가 없다.[86]

그는 분명히 리기는 선후를 따질 수 없다고 했으나 문맥을 살펴보면 그는 리와 기는 더불어 있지만 기가 없으면 리가 의지할 데가 없어 생성론적 입장에서 기의 선재를 조심스럽게 나타내는 것으로 보인다. 이러한 리기에 관한 입장은 리의 또 다른 특성인 주재성과 작위성에 있어서도 부정적인 태도를 보여준다.

> 무릇 理를 말하는 자 반드시 '形이 없이 理가 있다'고 말한다. 이미 형태가없다면 있다는 것은 무엇인가? 이미 理가 있다면 어찌 형태가 없어도 '있다'고 할 수가 있을까? 대개 소리가 있으면 있는 것이라 하고, 빛이 있으면 있는 것이라 하고, 냄새와 맛이 있으면 있는 것이라 하니, 이미 이 네 가지가 없다고 하면 이는 형체가 없고 방소가 없음이니, 그러면 '있다'는 것은 무엇이냐? 또 말하는 바대로 소리가 없고 냄새가 없으면서 조화의 중심(樞紐)이 되고 품휘(品彙)의 밑바탕(根柢)이 된다고 하면 이미 의식적인 행함(作爲)이 없는데, 무엇으로 그 중심(樞紐)과 밑바탕(根柢)이 되는 줄 아는가? 또 이른바 理라는 것은 氣가 善하면 선하고 기가 악하면 악하니, 이는 理가 주재하는 바가 없고 기가 하는 데에 따를 뿐이다.[87]

리가 현상적으로 경험할 수 없는 초월적인 실재라고 하면 무엇으로 만물의 근원임을 알 수 있으며, 리가 기의 존재 근거라면 리가 기를 주

86) 洪大容, 『湛軒書』, 「內集」 卷二, 桂坊日記 理氣先後 自來儒者各有主見 而若 中庸証說亦非謂成形 而後理乃賦焉 則以爲有則俱有本不可分先後 盖天下無無理之 物非物 則理亦無依着也.

87) 洪大容, 『湛軒書』, 「心性問」, 凡言理者 必曰無形而有理 既曰無形 則有者是何物 既曰有理 則豈有無形而 謂之有者乎 盖有聲則謂之有 有色則謂之有 有臭與味則 謂之有 既無是四者 則是無形體無方所 所謂有者是何物耶 且曰無聲無臭而爲造化 之樞紐 品彙之根柢 則既無所作爲 何以見其爲樞紐根柢耶 且所謂理者 氣善則亦善 氣惡則亦惡 是理無所主宰而隨氣之所爲而已.

재한다는 말이 되는데 그러면 순선한 리가 기로 인하여 생기는 악을 어찌하지 못하는가 하고 반문한다. 이런 질문은 앞서 살펴본 리기의 관계를 확장시켜 이해한 것이다. 그러므로 현상적으로 존재하는 리가 실재하지도 않고, 기에 선재하지도 않음을 강조하는 홍대용은 리가 기를 주재할 수 없기 때문에 악의 제반 문제 또한 주재할 수 없는 것으로 이해되고 있다.

지금까지 살펴본 홍대용의 리의 초월적으로의 주재성, 선재성, 작위성에 대한 지적과 판단은 결국 리가 가진 형이상학적 성격을 전부 그렇지 않다고 단정하는 것으로 볼 수 있으며, 인간의 도덕적 근원으로서의 리를 더 이상 인정하지 않고 있음을 보았다. 다음은 정약용에 대해 살피고자 하는데 태극에 대한 이해에서는 정약용도 홍대용과 동일하다고 볼 수밖에 없다. 정약용은 "태극이란 음양이 아직 나누어지지 않은 가운데 혼돈하여 있는 물질이다. 그러므로 태극이 나뉘어 하나의 양과 음이 생긴다고 할 수 있다."[88]고 태극에 대해서 말하였다.

본원의 기에서 음양의 기로 나뉘고, 이것이 만물을 생성한다. 이러할 때 음과 양으로 나뉘기 전의 본원의 상태인 기가 태극이다. 이 태극은 절대 관념적이거나 원리로서의 리 개념이 아니다. 이것이야말로 "천지가 아직 나뉘기 전의 혼돈스러운 유형의 시작이며, 음양을 낳는 태초의 기"[89]인 것이다. 정약용의 철학적 기반 안에서도 태극은 하나의 시원적

---

88) 丁若鏞, 『易學緖言』 卷2, 「邵子先天淪」『與猶堂全書』收錄
89) 丁若鏞, 『易學緖言』 卷3, 沙隨古古駁 참조.

존재로서의 기로만 이해되고 있다. 조선 후기 실학자들은 대체적으로 경험적 현실 세계에 기반한 氣學을 중심으로 형성되어 있었다. 조선 후기가 되어 홍대용이나 정약용 등은 모두 기를 중심으로 자연과 인간을 파악하며, 성리학과는 다른 학문적 노선을 추구하였다.

정약용이 활동하던 시기의 조선 후기사회는 국내의 정치적·사회적·경제적 상황 등이 급하게 변하는 때였다. 따라서 정약용의 기철학과 사회철학은 홍대용에 비해서는 상대적으로 국내 사상의 재정비와 경제·사회적 문제를 해결하기 위한 경세론을 제시하는데 더 큰 주안점을 두는 시기였다. 당시는 정조의 사후로 어린 순조가 즉위하여 세도정치가 만연한 가운데 국가의 기강이 무너져 경제적·사회적 모순이 매우 심화되어 각지에서 민중봉기가 일어나기 시작하던 매우 혼란한 시기였다.

이러한 어수선한 사회적 분위기 속에서 사회의 제반 현실 문제를 해결할 수 있는 실용적인 학문과 경세론, 그리고 해외에서 새롭게 유입된 실증적이고 고증적인 학풍에 관심을 갖는 실학자들이 속속 등장하였다. 일부 실학자들은 청의 고증학과 서양의 과학, 천주학 등 새롭게 선보이는 학문을 단순히 풍문으로만 전해 듣는 수준을 넘어 직접 경험을 통하여 연구하기 시작하였다. 정약용 또한 그 대표적인 학자 중의 한 명이다. 정약용은 공부하는 연구 과정에서 청의 고증학과 일본의 주석을 포함하여 고금의 주석을 폭넓게 참고하였고, 불교, 도교, 양명학, 서학 등 그 당시 배척되고 있던 다양한 학설들을 객관적이고 개방적인 관점에서 비판적으로 수용하였다. 그러므로 정약용의 경학과 리기론은 청과 일본을 포함하여 그 시대의 국제적인 학설들이 많이 반영되어 있다.

그럼에도 정약용은 외국과의 문화 공존에 대하여서는 체계적인 이론적 학설을 내세우지는 않았다. 그렇지만 그가 다양한 분야에 관심을 갖고, 변방 국가의 비주류 학문도 연구했던 만큼 다양한 국가의 논평은 존재하고 있다. 따라서 그의 세계 인식의 토대로 볼 수 있는 리기관에 대해 살펴봄으로써 그가 인식한 철학적 전제들과 이를 바탕으로 국제 인식과 문화에 대한 그의 입장을 평가한 후 그의 언급 및 논평들에 대해서 파악해보기로 하겠다.

정약용은 존재하는 실체로서의 사물들의 원인을 이루는 것은 기이며, 리는 단지 기로 이루어진 사물에 의존하여 사물의 본원이 아니라 속성으로 기능하는 것이라며 모든 사물의 근원을 리가 아니라 기로 보았다. "理는 어떤 것인가. 리는 애증도 없고 기쁨과 성냄도 없으니 단지 텅비고 막막하여 이름도, 형체도 없는데 우리는 여기로부터 성을 품부 받았다면 도가 되기는 곤란하다."[90]라며 리를 문제 삼고 있다. 특히 예수회원들은 인격성에 대해 주재성의 핵심으로 보면서 태극-리의 전통적인 위상을 흔들었다. 정약용도 마찬가지로 리에 대해서 천지만물을 주재하는 근본으로 인정할 수 없다고 주장하였다.

---

90) 『與猶堂全書』「孟子要義」卷2, 夫理者何物 理無愛憎 理無喜怒 空空漠漠 無名無體而謂吾人稟於此而受性 亦難乎其爲道矣.

무릇 천하의 영(靈)이 없는 사물이란 주재가 되지 못한다. 그
렇기 때문에 한 집안의 가장이 어둡고 지혜롭지 못하고 우매
하면 집안의 모든 것이 다스려지지 않고, 한 고을의 어른이
어둡고 지혜롭지 못하고 우매하면 마을 가운데 모든 것이 다
스려지지 않으니 더군다나 저 텅 비고 흐리멍덩한 태허의 한
리를 천지만물을 주재하는 근본이 된다면 천지간의 일이 이
루어질 수 있겠는가?91)

리에 인격성을 인정하지 않는 것은 리의 주재성과 보편성을 증명해주
는 전제와도 같은 것과 같다. 당시 성리학자들은 오로지 비유적인 차원
에서만 인격성을 인정했다. 리는 항상 지각, 운동, 작위가 없는 비인격
성 그 자체였다. 그러므로 정약용은 예수회의 강력한 주장과 마찬가지
로 이것에 공격의 초점을 두었다. 정약용은 주재자의 자리에서 리를 끌
어내려 놓고서 대신 하늘, 상제를 부여하였다.

군자가 어두운 방 가운데 두려움으로 몸을 벌벌 떨며 감히
악을 행하지 못하는 것은 상제가 그에게 임하였음을 알기
때문이다. 지금 命, 性, 道, 敎를 전부 하나의 리에 귀속시킨
다면 리는 본래 무지하고 위엄과 능력도 없는데 어찌 경계하
고 삼가겠으며 어찌하여 무서워하고 두려워하겠는가.92)

예수회원들도 정약용과 비슷한 논리로 인격성을 근거로 하면서 리를

---

91) 『與猶堂全書』,「孟子要義」卷2, 凡天下無形(靈)之物 不能爲主宰 故一家之長 昏愚
不慧 則家中萬事不理 縣之長 昏愚不慧 則縣中萬事不理 況以空蕩蕩之太虛一理爲
天地萬物主宰根本 天地間事其有濟乎.

92) 『與猶堂全書』,「中庸自箴」卷1, 君子處暗室之中 戰戰栗栗 不敢爲惡 知其有上帝臨
女也 今以命性道敎 悉歸之於一理 則理本無知 亦無威能 何所戒而愼之 何所恐而
懼之乎.

부정하는 가운데 그들의 인격적 신을 내세우고자 하였다. "만약에 이치가 사물에 앞서 있다면 나는 사물보다 앞서 있는 이치를 천주의 영명함으로 돌려 조물주로 여기노라.93)" 예수회원들은 대체적으로 태극에 영명지각이 없음을 근거하여 만물을 주재할 수 없다고 주장하였다. 그리고 영명함을 천주에게로 돌렸다. 정약용도 이 세계를 생성하고 작용하며 조화롭게 주재하는 것은 비인격적이고 비지성적인 원리가 아니고, 천이고 상제로 본 것이다.

그러나 성리학적 입장에서 본다면 다음과 같다.

性에는 3등급이 있다. 초목의 성이란 생명[生]은 있으나 지각[覺]이 없고, 금수(禽獸)의 性이란 생명이 있는데다가 또한 지각이 있고, 우리 人間의 性이란 생명, 지각이 있고 또한 신령[靈]하고 선하다. 이와 같이 상, 중, 하 3등급이 분명히 다른 까닭에 그 성을 극진히 하는 방법 또한 전혀 다른 것이다. …… 어떻게 말, 소, 양, 돼지 등의 짐승에게 친애와 경장을 실행하여 각기 사람의 일을 하게 할 수 있겠는가? 주자의 '인물의 성이 모두 같다'는 말은 부여받은 바가 모두 하늘에 근본한다는 점을 말하는 것이니 어찌 금수를 교육시켜 사람을 만들 수 있다는 말이겠는가?94)

지각은 초목에게는 존재하지 않지만 금수와 인간은 지각을 갖고 있

---

93) 『三山論學記』, 若云理在物之先 余以物先之理 歸于天主靈明 爲造物主.
94) 『中庸講義補』,「惟天下至誠節」, 性有三品 草木之性 有生而無覺 禽獸之性 既生而又覺 吾人之性 既生既覺 又靈又善 上中下三級 截然不同 故其所以盡之之方 亦復懸殊 …… 鳥能使馬牛羊豕 愛親敬長 各做人底事乎? 朱子所謂 人物之性皆同者 謂其所受之本於天皆同也 何嘗云敎 禽獸可以做人哉?

다. 마지막 단계에 해당되는 성은 신령함과 선성이다. 이것은 도덕과 관련된 사리판단 능력으로서, 즉 도의지성이 초목과 금수는 없고, 오로지 인간만이 가지고 있다. 따라서 만물이 공유하는 性은 기본적으로 본연지성이 아니라 기질지성으로 보았다. 만물의 성은 크게 3등급이 있는데, 가장 낮은 단계는 性인 생명으로서 초목, 금수, 인간은 모두 이 생명을 가지고 있다. 그다음 단계의 성은 지각이다.

성리학적 성론에 의거하면 하늘로부터 만물을 품부받은 성이란 내재화된 리로서 본연지성이라 한다. 그것을 근거로 살피면 만물의 성은 명제가 근본적으로 선하다고 도출된다. 하지만 정약용의 성삼품설[95]에서는 도의지성뿐만 아니라 생물학적 특성까지를 포함하는 3품의 성이야말로 하늘로부터 부여받은 것이다. 그러므로 선은 도의지성까지 부여받은 인간만이 생각하고 행할 수 있는 것으로 본다.

그런데 정약용의 성삼품설에서 인간이 품부 받은 도의지성의 성은 성리학에서의 본연지성과는 뜻하는 의미가 매우 다르다. 본연지성은 인의예지신의 오상으로서, 선천적으로 벌써 완전무결한 상태로 하늘로부터 품부받음으로 인해서 나의 심에 내재되는 것이다. 그러므로 이를 품부받은 인간과 만물은 원초적으로 선하지만, 기질의 청탁에 의해 선악의 발현에 큰 차이가 생겨 선행과 악행으로 나뉘어 표출된다. 따라서 교육을 하여야 하고 그 교육의 목적은 선천적으로 완전한 내면의 성이 기질

---

95) 『論語古今註』卷九, 「陽貨」, 上中下三品之說 外若勻停 而塞人向善之門 啓人自暴之路.

에 의하여 오염되지 않도록 생각과 행동을 유의하게 하며 몸 마음속에 깃들어 있는 기질지성이 발동되지 않도록 하여야 한다.

그러나 정약용은 이미 선천적으로 완성되어 만물에 품부되는 성이란 것은 존재하지 않는다고 보았다. 정약용은 만물의 내면에 내재되어 있다는 인의예지신인 성리학의 본연지성의 개념은 불가로부터 들어온 것으로서 폐단이 매우 크다고 보았다. 왜냐하면 성리학에서의 본연지성과 기질지성의 논의에 의거하면, 어떠한 도덕적 행동이 현실상황에서 실천되기 이전에 이미 마음에서는 선함과 악함이 있으며, 근본적인 마음공부는 불가의 선 수행처럼 혼자 조용히 내면을 들여다보면서 내재되어 있는 선성을 보존하는 것을 말한다.

이와 대조적으로, 성삼품설에서의 도의지성은 이미 완성되어 있는 선천적인 조건이 아니라, 악을 미워하고 선을 좋아하는 기호에 불과하다.96) 그러므로 인간은 선천적으로 선을 좋아하고 악을 멀리하고자 하는 성향이 내재되어 있지만, 그 실천은 결국 스스로의 의지와 선택, 그리고 노력에 의해서 이루어지는 것으로 본다.

이러한 논리에 따르면 행동을 하기 전에는 선악을 논할 여지가 없고, 인간이 스스로 어떠한 행동을 선택하고,97) 그에 따른 행위가 실제적으로 이루어졌을 때 비로소 그 행위에 관하여 선한지 악한지가 평가될 수

---

96) 『論語古今註』「陽貨」, 天命之謂性者 謂天於生人之初 賦之以好德恥惡之性於虛靈本體之中 非謂性可以名本體也 性也者 以嗜好厭惡而立名.
97) 『孟子要義』卷一,「滕文公 第三」故天之於人 予之以自主之權 使其欲善則爲善 欲惡則爲惡 游移不定 其權在己 不似禽獸之有定心.

있다. 이와 같은 정약용의 인간관은 국제적인 교류 관계에서도 반영되어 나타났다. 정약용은 선천적 조건, 그리고 민족이나 지역에도 고정불변의 정통성의 기준으로 하여 화이를 구별하는 중화주의를 비판하는데 있어, 나라가 정통인지 오랑캐인지의 구분은 오직 백성의 행동의 결과에 의해서 평가되어져야 한다.

지금까지 홍대용과 정약용을 중심으로 조선의 후기 태극사상과 그 영향에 대해서 고찰해 보았다. 그들은 신문명이 중국을 통해 조선에 유입되어 개혁의 맹아가 굼틀대기 시작하는 시대의 사회 지도층으로 고민하는 가운데 주희의 성리학 중 태극사상의 일부인 이기론을 비판적으로 수용하고 있다. 홍대용의 성리학 비판의 핵심은 리와 기에서 찾울 수가 있다. 우선 리에 대해서는 초월적인 실재성과 선재성, 아울러 작위성과 주재성을 나란히 비판하고 있다. 그 근거로 '無極而太極'을 언급하면서 주희가 한 말인 '無形而有理'를 들었다. 그는 형체가 없다면 우리의 감각기관에 의해 인식될 수 없는 이유로 실제로 리의 존재를 알 수 없다고 했다.

또한 그런 리가 조화의 추뉴와 품휘의 밑바탕이 됨을 무엇으로 알 수 있으며, 현실 가운데서 악이 존재하는 것은 순선한 리가 기를 주재하지 못하는 이유라고 말하고 있다. 결국 리란 이러한 형이상학적 실체라기보다 기에 내재하여 다만 사물의 법칙 내지 원리인 所以로서 작용하는 것을 의미하는 것이다.

정약용은 자신의 생각에 의해 판단하고 있는 비인격적인 리를 낮추고 그 자리에 인격적이며 인간의 삶에 매 순간 개입하는 상제를 세운다. 그 상제는 우주를 생성하고 인간에게는 도덕적 명령의 근원으로서 인간의 모든 삶에 임재하는 도덕적 감시자이다. 여기에서 정약용은 인격적 감시자에 대한 경외함과 두려움 그리고 도덕적 자각과 실천으로 바꾸어 비인격적인 리에 대한 추상성이 갖는 한계를 극복하고자 했던 것으로 보인다.

조선 후기 실학시대, 즉 동서양 문명이 조우하던 시기에 성리학자인 홍대용과 정약용의 개혁적인 생각들을 통해서 당시 태극사상[理論]의 흐름과 변화에 대해 살펴보았다. 유가적인 이상사회의 실현을 목표로 현재의 폐단을 개혁하려는 점은 이전의 성리학자들과 크게 다르지 않음을 보게 된다. 그러나 그들은 기존의 성리학으로 내려오는 논리를 거부하고 유가 본래의 이상을 근거로 하면서도 서양의 문화와 종교를 받아들여 현실에서의 주재자인 태극이며 리를 전면적으로 개혁하려고 시도한 점에서 매우 특징적인 면을 보게 된다.

2.중국 명(明)의 태극론

유학은 11세기 후반에 새로운 지평으로 인해 고도로 발전한다. 새로운 유학이라는 의미의 신유학, 즉 성리학은 주돈이에 의해 개척되고 장재와 소옹을 거쳐 정호와 정이 두 형제로 발전된 송학, 즉 북송의 흐름을 남송의 주희에게서 집대성된 학문체계를 말한다. 이들을 북송 오자라고 부르는데 북송오자는 주희이전에 거론되는 북송의 다섯 선생인 주돈이·소옹·장재·정호·정이를 말한다. 정호와 정이는 형제이므로 정씨형제라고 하며 또는 이 둘을 통칭하여 二程이라고 부른다. 성리학은 북송오자의 사상을 기본으로 한다.

주돈이는 「태극도」와 「태극도설」을 저작하였는데 우주생성의 근원을 태극에 두고 이것이 음양을 낳고 음양이 점차 분화되어 만물을 형성한다고 설명하면서 無極而太極을 제시하였고 장재는 물질세계의 기본요소를 기로 보았으며 그는 기에는 모이고 흩어지는 두 가지 운동형태가 있는데 그것에 의해 만물이 생성되고 소멸된다고 하였다. 소옹은 數를 그 기본적인 요소로 간주하였다. 그는 우주의 근원은 수를 발생시키는 어떤 존재에 근거를 두었다. 정씨형제는 리를 최고 범주로 삼았다. 정이는 「계사전」의 '한 번 음이 되고 한번 양이 되는 것이 도가 아니라 한번 음이 되고 한번 양이 되게 하는 소이가 도이다"라고 주장하였다.

주희는 선배 유학자들의 사상을 종합하여 하나의 새로운 사상체계를 이룩하였다. 주돈이―장재 ―정씨형제로 이어져 전개되는 새로운 사상이 주희에 이르러 하나의 체계로 집대성됨으로써 이른바 신유학이 완성되었다.

주희는 성리학을 집대성시킨 위대한 사상가로서 그의 영향력은 한국과 일본뿐만 아니라 동아시아 전역으로 확산되어 가장 큰 영향력을 행사한 인물이다. 주희의 위대함은 태극의 개념을 발전시켰으며, 리와 기의 개념을 가지고 성리학의 사상체계인 이기론 · 심성론 · 인식론 · 수양론 등 여러 이론 등을 전개 하 였다. 그의 학문은 한때 僞學으로 탄압받기도 하였지만, 원나라가 과거제를 시 행하면서 「사서」로 과거를 보았는데 주희의 『사서집주』가 과거시험의 표준답안으로 지정됨에 따라 신유학인 성리학이 官學으로서 학문의 주류를 담당 하게 되었다.

명대 전체의 유학사를 관찰해 볼 때 가장 주목을 받지 못하는 시기는 명대 전기로 평가할 수 있다. 송명이학에서 송대를 대표하는 학문은 주자학(理學)이고, 명대를 대표하는 학문은 양명학(心學)으로 꼽을 수 있는데 양명학이 활발하게 활동한 시기는 명의 중·후반기 때이다. 명의 유학을 송의 학문과 비교하여 큰 변화와 발전을 가져오지 못하고, 단지 역사를 되풀이하는 수준에 머무르는 정도였다. 이렇게 자연환경과 문화적인 면에서 큰 변화가 없는 것은 송대의 역사가 명대의 역사보다 더 깊고 화려했기 때문이라고 생각된다.[98] 명대 유학사의 특이한 점은 주희의 이학과는 결이 다른 王守仁(1472~1529)의 양명학이 크게 번성 하게 되었다.

그렇게 되면서 주자학과 양명학과의 갈등이 유발 될 수 있는 것이 문제점이었다. 실제로 왕수인은 주희의 성리학에 대해서 사사건건 반대하

---

98) 류성태, 『중국철학사의 이해』, 학고방, 2016, p.392.

며 제동을 걸었던 것 또한 사실이다. 그러나 명의 관학으로 주희의 성리학이 인정을 받아 크게 위세를 펼치기도 하였다. 이 시기 이학은 송대를 거쳐 전수된 학문인 정주이학을 갈고 닦으면서 내면화와 실천성에 최선을 다하였다고는 하지만 심학의 왕수인이 명 왕조에 세운 공로와 학문의 발전에 비하면 학술적으로 조금은 단조롭다고 볼 수 있다.99) 그러나 명대 전기에서는 성리학이 주도적인 위치를 차지하고 있었고, 당시의 성리학자 중에는 조단(1376-1434), 설선(1389-1465), 호거인(1434-1484)등이 있다.

당시의 송명리학을 중심으로 하여 주자학을 평가해 보면 유학 철학에 미친 영향은 크고 방대함을 볼 수 있다. 주희 성리학에서의 태극, 즉 리란 주희 철학에서 최고의 범주이자 논리의 기점이라고 말할 수 있다. 그리고 절대적인 도덕원칙 즉 형이상의 리(태극)를 우주의 본체와 모든 사물에 대한 소이연의 근거로 삼아 사물이 있기 전에 이미 리는 갖추어졌다100)고 생각하는 수준이었다. 이러한 주희의 태극사상이 명대에 어떠한 영향을 미쳤는지 명의 전기와 중·후기로 나누어 고찰해 보고자 한다.

1) 조단

조단(曺端, 1376-1434)은 「태극도설술해(太極圖說述解)」와 「통서술해

---

99) 선병삼, 「명대유학의 정초자 조단 학술사상의 종합적 고찰」, 『한국철학논집』 73집, 한국철학사연구회, 2022, p.273.
100) 『朱子語類』 卷95, 未有事物之時 此理已具.

(通書述解)」를 지어 주돈이 사상을 명대에 본격적으로 현창한 성리학자이다. 그리고 명왕조의 건국과 더불어 명의 태조가 문치정책을 수립할 때 유학 존중책을 실시하며 리학을 위주로 관학으로 이어 나갔고, 주희의 사서오경 주석서가 오경사서 주석서로 편집되어 성조 때인 영락 13년 「오경대전」「사서대전」「성리대전」등을 관학의 교과서가 되었음을 반포하고 과거시험의 교재로 사용하였다.[101] 그러므로 유학의 고정화가 이루어지게 되었는데 이후 명의 중기에 이르러 진헌장과 왕수인 등이 학술의 분열정책을 시도하였다. 그 분열 정책이 있기까지 꾸준히 조단은 리학을 대표하는 儒學者로서 명에서의 학문의 길을 열었다.

조단은 명나라 태조 朱元璋(1328-1396)이 명나라로 개국하여 통치를 시작한 지 8년째가 되는 해에 태어났다. 명나라 이전의 원왕조는 몽고족이었으므로 몽고족의 토착 문화에 도교와 불교의 기복적 신앙이 혼합되어 명나라가 건국된 후였지만 도교와 불교가 여전히 그 영향력을 발휘하고 있던 시기였다. 그런 시대적 배경에서도 그는 주돈이의 태극도설에 대해 "주선생(주돈이)이 수천 년간 전해지지 않던 비밀을 풀어 주지 않았다면, 과연 어느 누가 태극이 리인 것과 기가 아닌 것을 알았겠는가?"[102]라라며 주돈이를 칭송하는 가운데 『태극도설』에 관한 해석을 기본적으로 주희의 사상과 궤를 같이하며 그들의 길을 답습하였지만, 태극동정 문제에 대해서는 주희와 다른 견해를 갖고 있었다.

---

101) 유명종, 『송명철학』, 형설출판사, 1993, p.244.
102) 『周子全書』 卷5, 「太極圖說述解序」, 微朱子啓千載不傳之秘 則熟知太極之爲理而非氣也哉.

『明儒學案』「師說」에 조단에 대한 평가의 글이 있다. "(조단) 선생의 학문은 스승에게 전수받은 것이 아니고 선현의 책으로 공부하여 그 과제(公案)를 찾아낸 것이다. 조화의 이치를 깊게 깨달아 조단이 체험하여 전하고 반대로 마음으로 깨달음을 구하였다. 마음이 곧 태극이고, 마음의 동정이 곧 음양이며, 마음의 일용주작(日用酬酢)이 곧 오행의 변화이다. 오로지 마음 씀씀이를 가지고 도의 길로 들어가는 일로 삼았다."[103]고 한 이 말속에서 학문에서 심학적인 성격이 강조되고 있음이 엿보인다. 조단은 마음이 태극이라 하고 태극이 동정을 한다면서 주희의 태극론과는 부분적으로 다소 결이 다른 주장을 하였다.

조단은 「태극도설술해(太極圖說述解)」와 「통서술해(通書述解)」를 그의 나이 53세에 완성하므로 주돈이와 주희의 사상을 그 시대에 드러나게 한 첫 번째 인물이다. 후일 명말 학자인 유종주(1578-1645)는 조단에 대해서 "선생을 오늘날의 염계라고 해도 된다."[104]라고 인정하였는데 이것은 주돈이가 송대 이학의 선구자로 칭송받은 것처럼 조단 또한 명대 이학의 선구자라는 긍정적인 견해가 반영되어 있다고 본다. 『曹端集』「서문」에서 조단의 태극론에 대한 글이 있는데 여기에서 그의 생각을 읽을 수 있다.

> 태극은 리의 다른 이름일 뿐이다.…… 주희가 태극도설의 본지를 제대로

---

103) 『明儒學案』, 「師說」, 先生之學 不由師傳 特從古冊中翻出古人公案 深有悟於造化之理 而以月川體其傳 反而求之吾心 卽心是極 卽心之動靜是陰陽 卽心之日用酬酢是 五行變合 而一以事心爲入道之路.
104) 『明儒學案』, 「師說」, 雖謂先生爲今之濂溪可也.

궁구하고서 경전으로 존중하여 주해한 내용은 참으로 지당하고 통일적이다. 어록(주자어류)의 내용은 의미를 탐구하며 아직 확정하기 전에 나온 견해와 갑작스레 응답하는 중에 나온 견해들이 있어서 만에 하나라도 실수하는 것이 없을 수 없어 주자가 완성한 책이 아니다.[105]

라고 하였다. 위의 인용문인 「사설」과 「태극도설술해서」를 보면, 조단은 태극의 정의에 대해서 리의 다른 이름이라고 하며 '태극은 리'라는 주희와 같은 입장을 강하게 취하고 있고, 태극도설에 대한 주희의 입장 또한 전적으로 수용하고 있다. 조단은 「태극도설」의 '太極動而生陽, 靜而生陰'에 대한 주희의 해석 내용은 동의를 하면서도 「주자어류」에서 나오는 태극의 동정에 대한 해석은 주희와는 다르게 해석하였다. 즉, 태극의 동정에서 사람이 말을 타는 비유를 한 주희의 태극 동정에 대한 견해를 비판하고 있는데 그렇게 되면 리는 죽은 리에 불과할 뿐이라며 사물의 운동에 대한 리의 능동적인 작용을 강조하였다.

조단은 태극 스스로의 동정을 부정하고 리(太極)가 기를 타는 것은 사람이 말을 탄 것과 같은 이치로 말이 출입하면 말을 타고 있는 사람도 출입하게 되는 것이라는 주희의 논리와 의견을 같이 하였다. 그런데 만일 말을 탄 사람이 죽은 사람이면 만물의 영장이 될 理는 죽은 리가 되니 萬化의 근원이 될 수 없다고 조단은 보았다. 이렇게 되면 리는 死理가 되므로 리의 고귀한 위치를 잃게 된다는 것이다. 그는 리에 대해

---

105) 『曹端集』卷1, 「太極圖說述解序」, 太極 理之別名耳……亦惟朱子克究厥旨 遂尊以爲經而註解之 真至當歸一說也 至於語錄 或出講究未定之前 或出應答倉卒之際 百得之中 不無一失 非朱子之成書也.

서 '리란 죽은 리가 아니라 살아있는 活理여야 옳다.'106)며 주희와의 견해를 달리하기도 하였다.

이는 조단이 「태극도설술해」에서 주희가 「태극도설」을 주해한 '태극은 본연의 오묘함이고 동정은 (태극이) 타고 있는 틀이다'를 그대로 사용하는 데서도 알 수 있다. 조단의 「태극도설술해」는 두 부분으로 구분된다. 그것은 바로 「태극도술해」와 「태극도설술해」이다. 그런데 「태극도술해」는 주희의 「태극도」해설 원문을 그대로 차용하고는 조단 자신의 생각을 小註로 삽입하여 밝혔다. 반면에 「태극도설술해」에서는 주희의 주를 부분적으로 차용은 하면서도 조단 자신의 견해를 기술했다. 결국 그는 「태극도설술해」에 자신의 생각과 주장을 자세하게 밝힌 것이다.

조단이 주돈이 「태극도설」을 풀어가는 제1원칙은 태극을 리로 해석하였다. 태극을 리로 보는 견해는 주희가 진력을 다해 변론하여 확정을 지어 두었지만 사상사적인 측면에서 말하자면, 주돈이 「태극도설」의 간명하면서도 완정한 문자에서 발견했다.107) 조단은 태극을 리로 이해하는 것이야말로 태극도설을 이해하는 첫 번째 원칙임을 재천명하였다. 그리고 책 본론에서는 두 가지를 주요 논제로 다뤘다. 첫째는 태극은 리라

---

106) 『曹端集』,「辨戾」, 先賢之解太極圖說 固將以發明周子之微奧 用釋後生之疑惑矣 然而有人各一說者焉 有一人之說而自相齟齬者焉 且周子謂 太極動而生陽 靜而生陰則陰陽之生 由乎太極之動靜 而朱子之解 極明備矣 其曰 有太極 則一動一靜 而兩儀分有陰陽 則一變一合而五行具 尤不異焉及觀語錄 却謂 太極不自會動靜 乘陰陽之動靜而動靜耳 遂謂 理之乘氣 猶人之乘馬 馬之一出一入 而人亦與之一出一入以嗡氣之 一動一靜 而理亦與之一動一靜 若然 則人爲死人 而不足以爲萬物之靈 理爲死理 而不足以爲 萬化之原 理何足尚 而人何足貴哉? 今使活人乘馬 則其出入行止疾徐 一由乎人馭之何如耳 活理亦然 不之察者 信此則疑彼矣 信彼則疑此矣 經年累歲 無所折衷 故爲辨戾 以告夫同志君子云.

107) 『周敦頤集』卷1,「太極圖說」,「附辯」, 語意峻潔而混成 條里精密而疏暢.

- 124 -

는 입장이고, 둘째는 태극은 活理라는 입장이다. 태극이 리라는 주장은 태극을 만유의 주재로서 확립하는데 주안점이 있다고 보았다. 이는 주돈이가 천도와 인도를 관통하는 태극을 통해 踐仁成聖을 추구하는 聖學의 이론적 기반을 구축한 것과 동일하다.

조단은 무극으로부터 태극이 된다는 입장은 노장의 견해라고 비판하였다. 무극에서 태극이 만들어진다는 견해는 노장의 이른바 '有生於無와 일치되는 사고방식이라고 하여 비판하였다. 「연보」 51세조에 보면, 조단이 섬서(陜西)에서 진행한 향시 시험 담당관으로 참가했을 적에 동료 시험관이 '선유무극이후유태극(先有無極而後有太極)'의 설을 주장하자 이는 노장의 견해와 같다고 변론하며 주돈이 '무극이태극'의 본지를 설명하여 깨닫게 했다는 기록이 나온다.108) 주희가 '자무극이위태극(自無極而爲太極)'이라는 설을 극변하면서 '무극이태극'으로 확정했었는데 「연보」는 조단 역시 주자처럼 비판한 사례를 예시하며 조단과 주자 학술의 연속성을 여실히 보여주고 있다.

조단의 태극론을 거론할 때마다 조명되는 「변려辨戾」와 연결된 내용이다. 조단의 입장은 주돈이 「태극도설」의 '太極動而生陽 靜而生陰'을 주희가 주해한 글은 태극의 동정을 인정하고, 『주자어류』에서는 태극 자체의 동정을 부정했다는 것이다. 이렇게 되면 死理가 되어 리가 고귀

---

108) 『曹端集』 附錄2, 「年譜」, 先生在試院 有同列言 先有無極而後有太極者 先生曰 只此一句 便見所見之差 流於老莊之說 如此則於不相離之言 實不相蒙 與老子 道生一而後生二 莊子 道在太極之先之說 同歸於謬 豈周子之意哉?…… 同列見其發明詳盡 豁然有悟.

한 위치를 잃게 된다고 조단은 보았다. 리는 사리가 아니라 活理여야 옳다.[109]는 주장이다. 이 글이 현재까지도 중시를 받은 데에는 두 가지 이유를 고려할 수 있다. 그것은 조단이 주자의 입장을 정면에서 반박했다는 점이다. 조단은 '태극은 활리'라는 새로운 주장으로 태극의 주재성을 강조하여 역대로 명대 이학의 선구자로 평가받고 있다. 이것은 주돈이가 「태극도설」로 송대 이학의 선구자로 불리는 것과 같은 맥락인 것이다.

송대 이학은 북송오자를 거쳐 주자로 집대성되었는데 명대 유학에서는 명대 전기에 주자학을 거쳐 명대 중후기를 풍미한 양명심학을 대표로 삼았다. 따라서 조단을 명대 이학의 선구자로 평가한다면 심학과의 상관성을 고찰하지 않을 수 없다. 다시 말하면, 정주학을 표방한 조단의 이학사상 안에서 심학과의 親緣的관계를 어떤 식으로든 고찰할 이유가 있다고 본다.

여기에서 조단이 주희의 주장인 '태극이 스스로 동정을 하지 않는다'는 말에 반대한 이유를 진래는 다음과 같이 해석하였다. "태극 자체가 운동할 수 있다는 점을 주장하기 위해서가 아니라, 기의 운동에 대해 태극이 동정의 소이연으로서 능동적인 작용을 한다는 점을 돌출시키기 위해서였다."[110]라는 것이다. 조단의 학문은 「태극도설」과 『정몽』에 근거를 두며 정주학으로 일관되어 있다. 결국은 理氣說이 중심인 것이다.

---

109) 『曹端集』 卷1, 「辨戾」
110) 진래, 안재호역, 『송명성리학』, 예문서원, 2011, p.318.

그는 한결같이 주희가 리로서 태극을 해석하였지만, 생명이 없는 死理가 아니라 생명이 있는 活理라고 하며 리에 원리적인 動因을 부여해야 옳다는 생각이었는데 그렇게 하는 것이 만사만화를 규정하는 것으로 생각한 것 같다.

조단은 명대 이학의 선구자이다. 그는 주희가 완성시킨 유학적 가치관을 부흥시키기 위해서는 주자학의 정통성을 확고히 고수하면서 이를 삶에서 한 치의 양보도 없이 실천해야 한다고 판단했다. 주자학의 본질을 자신의 삶을 통해서 실천하는 것이 유학적 가치관의 보편화를 이루는 시대적 사명으로 여겼다는 것이다. 명대 학술사 연구에 지대한 영향력을 발휘하고 있는 『명유학안』에서 황종희는 조단의 실천된 삶을 기리며 그를 대서특필하고, 이어서 학술사상 특징을 다음과 같이 평하였다.

> 선생은 力行을 위주로 하여 확고부동하게 어떤 일이든지 철저히 실천했다. 외적으로 그렇게 실천할 뿐만이 아님은 敬으로 근본을 확립하고 無欲으로 체험했기 때문일 것이다. 모든 일을 마음에서 공부를 해 나간다고 했는데, 이것이야말로 공자 문하로 들어가는 대로다. 소위 근본이 있는 학문임이 틀림없다.111)

황종희는 여기서 조단 공부론의 핵심적인 요소들을 제시하였다. 역행, 경, 무욕, 심상공부 등이다. 역행은 명대 학술사상의 중요한 지표로 활용된다. 애초에 양명심학 쪽에서 주자학을 지식 추구의 속학으로 비판

---

111) 『明儒學案』卷44,「學正曹月川先生端」 先生以力行爲主 守之甚確 一事不容假借 然非徒事於外者 蓋立基於敬 體驗於無欲 其言事事都於心上做工夫 是入孔門底大路 誠哉 所謂有本之學也.

하면서 지행합일을 주장한 내용과 연결될 수 있기 때문이다.

조단의 이학사상을 명대 심학과 연관하여 보면, 명대 심학과의 상관성을 위주로 평가했을 때 학계에서 많이 주목하는 자료는 『명유학안』에 실린 유종주와 그의 제자 황종희의 평가다. 유종주는 "선생(조단)의 학문은 ……곧 마음이 태극이고, 마음의 동정이 음양이며, 마음의 일용수작이 오행의 변합이니, 마음 씀씀이를 가지고 도에 들어가는 방도로 삼았다."112)라고 했고, 황종희는 "선생은 역행을 위주로 하여 확고부동하게 어떤 일이든지 철저히 실천했다. ……모든 일을 마음에서 공부를 해나간다고 했는데, 이것이야말로 공자 문하로 들어가는 대로다. 소위 근본이 있는 학문임에 틀림없다."113)라고 했다. 이 두 글은 모두 조단은 명대 초기 성리학자로 실천하는 삶을 살았다는 것을 보여준다.

그리고 조단은 이정 형제가 주돈이의 「태극도설」을 전수할 만한 인물을 발견하지 못해서 특별히 태극도설을 언급하지 않았다는 입장을 피력한다. 주자가 주돈이를 도학의 개창자로 상정함에 있어서 가장 큰 걸림돌은 이정 형제와 주돈이 학설의 연속성을 확정하는 것이었다. 이정 형제가 주돈이에게 가르침을 받은 것은 분명한 사실이지만 후에 이정 형제가 주돈이를 스승으로 직접 거론하지 않았던 점, 「태극도설」을 한 번도 언급하지 않았던 점 등은 이정 형제가 과연 주돈이의 학설을 계승

---

112) 『明儒學案』「師說」先生之學……卽心是極 卽心之動靜是陰陽 卽心之日用酬酢是五行變合 而一以事心爲入道之路 故其見雖徹而不玄 學愈精而不雜 雖謂先生爲今之濂溪可也.
113) 『明儒學案』권44, 「學正曹月川先生端」, 先生以力行爲主 守之甚確 一事不容假借 其言事事都於心上做工夫 是入孔門底大路 誠哉 所謂有本之學也.

했는지, 특히 태극도설을 그들이 인정했는지 의구심을 낳았다. 만약 주돈이의 이학(「태극도설」)이 이정 형제로 계승되었음을 확정하지 못한다면 주돈이를 도학의 개창자로 상정하기 어렵게 된다.

조단은 역대 명대 이학의 개창자로 평가되고 있다. 주돈이가 송대 이학의 개창자인 것처럼 말이다. 다만 여기서 한 가지 문제가 발생한다. 송대 이학은 북송오자를 거쳐 주자로 집대성된다. 한편 명대 이학은 명대 전기의 주자학을 거쳐 명대 중후기를 풍미한 양명심학을 대표로 삼는다. 따라서 조단이 명대 이학의 개창자로 평가받고 있다. 그것은 비록 양명학의 번성으로 잠시 정주학이 주춤하기는 하였어도 그 영향권에 있었음을 확인하게 되는 것이다.

2) 설선

薛瑄(1389~1465)은 조단보다 13년 뒤에 태어나 조단과 더불어 명대 초기 주자학의 전승과 이론을 확산하는데 적극적으로 기여한 인물로 평가되고 있다. 『사고전서총목』에서는 "명초 유학자 가운데 설선과 조단이 가장 순수하다."[114]는 칭송을 받고 있으며, 『명유학안』에서는 하동학의 선구인 설선에게 "하동의 학문은 성실하면서도 화려함이 없으며 송대 유학자들의 법도를 충직하고 성실히 지켰다. 그러므로 여러 대 전승하였어도 그 의논과 행동은 하동에서 나왔음을 질문하지 않아도 알 수 있

---

114) 『欽定四庫全書總目』 卷170, 「曹月川集」, 端有太極圖說述解 已著錄 明初理學以端與薛瑄爲最醇.

다."115)라고 높게 평가하였다.

우선 설선의 저술 활동에 대하여 살펴보고자 한다. 설선에 관한 저서
는 여러 종류가 있다. 널리 간행되고 회자된 저서로 讀書錄과 文集을
들 수 있고, 후대에 다시 편찬한 것으로 河汾詩集, 薛文淸公從政名言,
薛文淸公策問, 理學粹言 등이 있다. 이외에도 독서록을 기초로 해서 다
시 要語와 類編의 형태로 재편하여 간행하는 일종의 독서록에 대한 보
완 작업이 명대와 청대에 진행되었다. 설선의 저작 판본과 유포 상황에
대해서 체계적으로 정리한 연구는 아직 없다. 1991년 중국 山西人民出
版社에서 薛瑄全集을 출판했고, 그중에 李安綱이 「薛文淸公文集點校說
明」에서 설선의 저서 가운데 문집의 판본 부분을 정리하여 제시한 바
있다.

본 논문에서는 文集에 대한 이안강의 정리를 보완하면서, 한편으로 독
서록과 다른 관련 저작이 간행, 유포된 상황을 함께 살펴보겠다. 독서록
과 독서속록은 설선이 책을 읽으면서 마음속으로 깨달은 것이 있으면
그때그때 기록해 두었다가 책으로 묶은 것이다.116) 독서록은 설선 생전
에 이미 간행되었지만, 그 판본은 전해지지 않고 또한 관련 기록이 전
혀 없기 때문에 누가, 언제, 어디서 판각했는지 알 수 없다. 다만 薛瑄

---

115) 黃宗羲, 『明儒學案』 卷7, 「河東學案上」, 河東之學 悃愊無華 恪守宋人矩矱 故數
傳
之后 其議論設施 不問而可知其出於河東也.

116) 『薛瑄全集』下, 「讀書續錄」……遂于讀書心中有所開時 隨即劄記 有一條一二句
者 有一條三五句者 有一條數十句者 積二十余年乃成一集 名曰'讀書錄 ……今年
又讀書時 日記所得者 積久復成一集 名曰'讀書續錄.

年譜   44세(1432년) 조목에 다음과 같은 기록이 보인다.

> 선생이 沉에 모두 3년 넘게 계셨는데 이르는 곳마다 백성들에게 혜택을 주
> 는 정사가 많았다.……밤낮으로 理學을 정밀하게 공부하고 자나 깨나 성현
> 을
> 생각했다. 손수 性理大全을 베껴 마음을 쏟아 음미, 낭송하면서 늦은 밤에
> 이르러서야 그만두곤 하였다.……더러 생각 중에 얻은 바가 있으면 바로 일
> 어나 불을 켜고 기록해 두었다. 어떤 때는 밤을 새서 완미하고 즐기어 자신
> 도 모르는 사이에 손과 발로 춤출 경우가 있었다. 그것들이 드디어 쌓여서
> 讀書錄을 이루었다.[117]

성리대전은 1415년 간행된 후 동아시아 유학자들에게 광범위하게 독
서되고 활용되었는데, 薛瑄 역시 적극적으로 독서하였고, 그 성찰의 일
부를 讀書錄으로 남긴 셈이다. 연보의 기록이 44세인 점을 감안하면,
讀書錄의 최초 완성은 1432년으로 추정해볼 수 있지만, 독서록 자체에
명시되어 있지 않아 명확하지 않다. 속록 첫머리에는 '읽고 생각하지 않
으면 도로 막힌다[不思還塞]'는 장재의 교훈을 따라 독서를 통해 얻은
것을 20여년 계속 기록하여 독서록이 이루어졌다고 薛瑄 자신이 밝히고
있다. 곧 20여년의 독서 결과가 독서록이라는 책으로 묶였고, 沉 지역
에서 監察御使로 활동하던 시기가 독서록 성립에 중요한 계기가 되었다
고 할 수 있다.

---

117) 『薛瑄全集』,「年譜」七年壬子 先生四十四歲 在辰 按先生在沉凡三年余 所至多惠
政 首黜貪墨 正風俗,奏罷采金宿蠹 沉民大悅 日夕精研理學 寤寐聖賢 手錄 性理
大 全 潛心玩誦 夜分乃罷 深多盛寒 雪飄盈幾 唔咿不輟 或思有所得 即起燃燈記
之 或 通宵不寐 味而樂之 有不知手足之舞蹈者 遂積為 讀書錄.

續錄도 그 성립 시기가 명확하지 않다. 다만 연보 71세 조목에 설선이 관직에서 물러나 귀향한 뒤 성리학에 몰두하여 속록을 만들었다고 기록하고 있고, 책 첫머리에서 근년에 독서한 성찰을 모속록을 이루었는데, 중복되는 것들이 있다고 설선 자신이 밝히고 있어 그가 치사한 이후에 이 작업을 행하였던 것으로 생각되며, 생존시에는 정리되지 않은 형태로 독서록과 속록이 판각되어 유포되었을 것으로 추정된다.

설선의 제자 염우석은 스승에 대한 심상을 마친 해인 1466년에 독서록을 24권으로 정리하였다.[118] 그후 나온 판본들을 보면 거의 다 22권이나 23권으로 되어 있고, 대체로 독서록이 10권, 속록이 12권을 차지하고 있다. 따라서 염우석이 정리한 독서록도 속록을 포함하였을 것으로, 곧 1466년에 독서록과 속록을 함께 정리하여 간행하였던 것으로 추정된다.

다음으로는 그의 학문에 대해서 고찰하고자 한다. 중국에서 명청 시기 설선을 매우 중시하고 설선이 유학사에서도 중요한 자리를 잡고 있다. 때문에 설선은 문묘에서 배향이 된다. 설선이 1464년에 서거한 후에 유신들은 계속 소를 올려서 설선을 배향하기를 청했다. 그 소 중에는 설선을 문묘에 배향하기를 청하는 소가 예부에서 올린 종사소와 함께 계속 이어져 드디어 隆慶五年(1571) 문묘 배향이 실현된다.

『四庫全書總目』에 "명대 초기의 理學은 曹端과 薛瑄이 제일 순수하

---

118) 『薛瑄全集』 下, 「讀書錄序」 先師歿之二年, 愚反復讀之 深有感焉 乃仿 近思錄 分門別類去其重復 釐為二十四卷.

다."119)라고 한다. 순수하다는 말은 곧 주자학에 충실하였다는 평가로, 청 말기 학자인 대여주 역시 "설문청은 글자마다 程朱를 따르니 醇儒라 고 할 수 있다."120)고 했다. 그리고 명유언행록에서도 "내가 생각건대 주자의 학문은 진서산이 그 바름을 얻고, 허노재가 그 대체를 얻고, 설 경헌이 그 순수함을 얻었다. 주자를 배우려는 사람은 여기를 통해 공부 해 들어가면 거의 어긋나지 않을 것이다"라고 하였다. 곧 주희 이후 주 자학의 전개를 청대 학자들은 眞德秀-許衡-曹端-薛瑄으로 간주하면서 薛瑄의 경우는 전체적으로 '醇儒'라는 위상에서 그 사상사적 의미를 부 여하고 있음을 보여준다.

사상과 실천의 측면에서 평가하는 것을 구체적으로 살펴보면, 먼저 持 敬과 復性의 측면에서 후학들이 평가하고 있음이 발견된다. 호찬종은 「 설씨독서록서」(1520)에서 "薛氏는 敬에서 얻는 바가 있다. 이 독서록을 여러 번 읽으면 마음을 경계하지 않고 몸을 반성하지 않는 사람이 드물 다. 薛氏는 敬에서 얻는 바가 있다"라고 하고,121) 또 소세현은 「설씨독 서록후서」에서 "몇 년 전에 南都에서 설선의 세권으로 된 독서록요어를 얻어서 읽고, 가까이 몸과 마음에서 실행하게 하는 말들이 사람을 엄숙 하고 정상하며 깨끗하고 허명하게 만들어 마음에 주재하는 바가 생겨 여러 간사함이 물러가게 해줌을 소중하게 여겼다. 그 말들이 無欲과 主

---

119) 『四庫全書總目』, 明初理學 以端與薛瑄為最醇.
120) 『薛子條貫』,「諸儒議論」, 文清字字 步驅程朱, 可謂醇儒矣.
121) 『讀書錄要語』,「薛氏讀書錄序」, 薛氏其有得於敬乎 讀是錄數過而心不警身不省者 鮮矣 薛氏其有得於敬乎.

敬에서 더욱 상세하다."고 한다.

그러나 진래는 그의 책 '송명성리학'에서 전체적으로 설선의 사상은 여전히 理本論의 입장을 벗어나지 못하고 있으며, 그의 사상적 경향은 후대의 氣本論의 입장을 취하는 사상가들에게 어느 정도 영향을 주었으며, 주희의 理氣觀을 비판적으로 고찰한 조단의 학문을 계승하였다고 전하였다.[122] 설선의 리기 사상은 조단의 영향을 받아 주희와는 많은 부분이 동일하나 다소 차이점이 있기도 하였다. 조단이 심혈을 기울여 태극 자체의 동정 여부를 논변한 것과는 달리, 리와 기에 관한 설선의 논변은 리가 기보다 앞서 존재하는지에 관한 문제에 집중되어 있다. 「독서록」에 의하면 리는 만사만물의 脈絡條理라 하였고, 理先氣後를 부정하고 있다.

특히 태극 자체가 동정한다는 조단의 입장을 계승하여 태극이 운동의 내재적 근거이자 동인임을 강조하였다. 그리고 형이하자인 기는 취산이 있지만 형이상자인 리는 취산이 없음을 강조하며, 리와 기를 햇빛과 나는 새로 비유하기도 하였다. 독서록을 중심으로 한 설선의 글들은 명청 유학자들을 비롯하여 동아시아 유학자들에 주자학을 이해하고 실천하는 창구로 계속 독서되었다. 가령 퇴계는 독서록을 읽고 "참되게 알고 힘써 실천한 이는 설문청(시호:文淸公)이니, 그가 기록해둔 가르침들 구절구절 좌우명으로 삼을 만하네. 사람들로 하여금 깊이 가장 일깨워 주

---

122) 진래, 안재호역, 『송명성리학』, 예문서원, 2011, p.323.

는 것은 지엽적인 것, 현묘한 것, 추구하지 않는 것이라네."[123]라고 하
였다.

유종주는 "설문청 역시 선생[조단]의 학풍에 영향을 받아 일어섰다.
."[124]고 말하며 설선이 조단에게 영향을 받았음을 간접적으로 증언해주
고 있다. 다음은 주희의 태극 동정에 대한 내용이다.

> 천명이 바로 천도라고 생각한다. 천도는 태극이 아닌가? 천명이 유행한다
> 면 어찌 태극에 동정이 없겠는가? 주자는 "태극이란 본래 그러한 오묘함
> 이고 동정이란 태극이 편승하는 기틀이다."고 말했다. 그렇다면 동정은
> 비록 음양에 속하지만 동정할 수 있게 하는 것은 태극이다. 만일 태극에
> 게서 동정을 없앤다면 태극은 고적한 무용지물이 되고 말 것이다. 어떻게
> 조화의 중추가 되고 만물의 근거가 될 수 있겠는가? 이러한 사실로 살펴
> 볼 때 태극이 동정할 수 있음은 분명하다.[125]

설선도 만약 태극에 동정이 없다고 한다면 태극은 단지 고적한 무용
지물이 될 뿐 만물이 운동하고 변화하는 근거가 되지 못할 것이라고 생
각하였다. 그렇기 때문에 설선은 조단의 입장과 비슷하게 '태극은 동정
할 수 있다'고 주장한 것이다. 진래는 송명리학에서 설선의 사상을 기술
하면서, 우선적으로 주희의 '태극은 자체로 동정할 수 없다..'는 것에 대
하여 비판하는 조단의 견해를 계승한다고 해석하였다.[126] 설선은 다음과

---

123) 『국역퇴계전집』, 「別集·韓士炯往天磨山讀書 留一帖求拙跡 偶書所感寄贈」 퇴계학
     연구원, 2001, pp.293-294 참조.
124) 『明儒學案』 卷1, 「師說」, 薛文淸亦聞先生之風而起者.
125) 『周子全書』 卷6, 天命卽天道也 天道非太極乎 天命旣有流行 太極豈無動評乎
     朱子曰 太極者本然之妙也 動靜者所乘之機也 是則動靜雖屬陰陽 而所以能動靜
     者 實太極爲之也 使太極無動靜 則爲枯寂無用之物 又焉能爲造化之樞紐 品匯之
     根抵乎 以是觀之 則太極能爲動靜也明矣.
126) 陳來, 宋明理學, 上海, 華東師範大學出版, 2005, p.174.

같이 말하였다.

> 임천 오씨가 말했다. "태극은 동정이 없다. 그래서 주자가 「태극도」를 풀이
> 하여 말하기를 '태극에 동정이 있는 것은 천명이 유행하는 것이다'라고 하였
> 다. 이것은 태극은 동정으로 말해서는 부당하며 천명에 유행함이 있기 때문
> 에 동정으로 말할 수 있음을 주돈이 선생을 위해 나누어 설명한 것이다."
> 생각건대 천명은 바로 천도이다. 천도는 태극이 아닌가? 천명이 이미 유행
> 이 있는데 어찌 태극에 동정이 없겠는가? 주자가 말하기를 "태극은 본래부
> 터 그러한 묘리요, 동정은 태극이 타는 바의 기틀이다."라고 하였다. 따라서
> 동정은 음양에 속하지만, 동정할 수 있게 하는 것은 실로 태극이 하는 것이
> 다. 가령 태극에 동정이 없다면 마르고 조용하며 쓸모없는 사물이 될 것이
> 니 또한 어찌 모든 변화의 관건이 되고 갖가지 사물의 근저가 될 수 있겠는
> 가? 이렇게 보면 태극이 동정을 할 수 있는 것은 분명하다.[127]

 오징은 태극이 동정함이 없으며, 동정함이 있다고 말하는 것은 천명이
어느 때 어느 곳이든 작용하고 있음을 말하는 것으로 이해한다. 이에
대하여 설선은 천명 · 천도 · 태극과 리에 대해서 다른 언어로 같은 존
재를 표현해낸다고 보면, 천명의 유행은 태극의 유행이고, 그것이 태극
이 동정함을 말하는 것 이라고 하였다. 이 말은 태극이 자기 스스로 동
정한다는 것처럼 들리지만, 설선은 그 의미에 대해서 '동정 자체는 음양
에 속하더라도 동정할 수 있게 해주는 것이야말로 태극이 하는 것'으로

---

127) 『薛瑄全集』下, 「讀書錄」, 臨川吳氏曰 太極無動靜 故朱子釋「太極圖」曰 太極之有
動靜 是天命之流行也 此是為周子分解 太極不當言動靜 以天命有流行 故只得以
動靜言竊謂天命即天道也 天道非太極乎? 天命既有流行 太極豈無動靜乎? 朱子曰
太極本然之妙也 動靜所乘之機 是則動靜雖屬陰陽 而所以能動靜者 實太極為之
也使太極無動靜 則為枯寂無用之物 又焉能為造化之樞紐 品匯之根柢乎? 以是而觀
之則 太極能為動靜也明矣.

해명하고 있다. 즉, 태극 스스로 동정하는 것이 아니라 음양이 동정을

가능하게 해준다는 뜻에서 동정함이 있다고 말하는 것이다.

이것은 곧 태극 또는 리가 기에 대하여 주재한다는 차원의 맥락이며,

결코 태극이 독자적으로 또는 음양과 상관없이 동정한다는 의미를 뜻하

지 않는다. 그런 점에서 설선의 입장은 조단과 연속적이면서도 태극의

동정을 주재한다는 측면에서는 좀 더 명확히 밝히고 있음을 보여준다.

> 리는 햇빛과 같고 기는 나는 새와 같다. 리와 기가 기틀을 타고 움직이는
> 것은 햇빛이 새의 등에 실려서 나는 것과 같다. 새가 나는 동안 햇빛은
> 그 새의 등에서 떨어지지 않지만, 실은 새와 함께 날아가서 중단되고 끊
> 어지는 경우가 없다. 이것은 또한 기가 움직이는 동안 리가 기와 잠시도
> 떨어지지 않지만 실은 기와 함께 다해서 사라지는 때가 없다. 기는 취산
> 이 있지만, 리는 취산이 없다는 것을 여기서 볼 수 있다.128)

설선의 햇빛과 새의 비유는 기에 취산이 있는데 리에는 취산이 없음

을 설명하는 것이다. 취산이 없다는 것은 물리적으로나 시간적으로 진

행하는 동정이 없다는 것을 함의한다. 설선은 리가 기의 기틀을 타고서

움직인다고 하는데, 이것은 태극이 스스로 동정한다는 의미가 아니고

기의 동정을 타고서 동정한다는 맥락이 되는 것이다. 그러므로 설선은

날아가 버린 새나 소식하는 기는 날기를 중단하고 활동을 종료하는 경

우가 있지만, 리는 중단하지 않는다. 설선은 "소식하는 것은 기이고, 소

식하게 하는 것은 리이다."129)라고 하였다. 곧 취산이 없는 형이상자로

---

128) 『薛瑄全集』下, 「讀書錄」, 理如日光 氣如飛鳥 理乘氣機而動 如日光載鳥背而飛 鳥
飛而日光雖不離其背 實未嘗與之俱往而有間斷處 亦猶氣動而理雖未嘗與之暫離 實
未嘗與之俱盡而有熄滅之時 氣有聚散 理無聚散 於此可見.

서 리는 취산이 있는 형이하자인 기에 대하여 취산하게 해주는 것으로서 그 의미를 가진다.

그렇다면 새가 날아가 날지 못하는 경우처럼 기가 모두 소진된 경우 리는 어디에 있는가? 이에 대해 설선은 "사물이 모두 소진되면, 햇빛은 햇빛 자체에 존재한다.[物盡則光在光]"라고 하였다. 햇빛은 곧 리이다. 기가 소진되면 리는 리 자체에 존재한다는 의미이다. 즉, 기의 소진이나 취산과 관계없이 리는 항상 존재함을 말하지만, 리가 기와 분리된다면 리 자체로 존재하는 것으로 오해하게 된다. 이것은 설선이 리 개념에 대해 표현함에 있어서 보다 정밀하지 못한 것으로 보여진다. 햇빛은 햇빛 스스로 동정한다는 의미는 포함하지 않으며, 오직 동정하도록 하는 소이로서의 리(태극)는 본래부터 취산이 존재하지 않는 사실을 나타낼 뿐이다. 그러므로 '리가 동정함이 있다'는 진래의 해석은 설선의 취지를 정밀하게 드러내지 못하고 있음을 지적할 수 있다고 보았다.

형이상과 형이하의 입장에서 보면, 동정 자체는 형이하의 기 범주에 속한다. 반면 '동정할 수 있도록 해주는 것[所以能動靜者]'은 형이상의 리에 속한다. 설선은 형이상의 리와 형이하의 기와의 관계에서 햇빛과 날아가는 새의 비유를 이용하여 설명하고자 하는 내용을 보면, 리는 햇빛과 같고 기는 날아다니는 새와 같다. 리가 기의 기틀을 타고 움직이는 것은 새의 등에 햇빛이 실려서 나는 것과 같다. 새가 나는 동안 햇

---

129) 『薛瑄全集』下, 같은 곳, 消息者氣 而所以消息者理.

빛은 그 새의 등에서 떨어지지 않지만, 사실은 새와 함께 날아가서 중단되고 끊어지는 경우가 없다. 이것은 또한 기가 움직이는 동안 리가 기와 잠시도 떨어지지 않지만, 실은 기와 함께 다해서 사라지는 때가 없다. 기는 취산이 있지만, 리는 취산이 없다는 것을 여기서 볼 수 있다.

명대 초기의 조단과 설선같이 대개의 학자들은 주자학을 신봉했거나, 신봉하지는 않아도 최소한 비판적인 사람들은 아니었다. 원과 명 정부의 엄격한 사상통제 정책으로 주자학에 대해서 자유롭게 토론과 비판을 할 수 없는 관계로 인해 어쩌면 당시의 학자들이 어쩔 수 없는 주자학의 실천자로 처신하였는지도 모른다. 조단과 설선은 비록 완전하게 주희의 태극사상을 받아들이지는 않았지만, 끝까지 주자학(성리학)의 명맥을 유지하며 이기론을 중심으로 주희 태극사상을 전승하는데 그 역할을 하였다.

3) 왕수인

명대 중·후기의 대표적 학자인 왕수인(1472~1529) 사상의 心卽理論의 특징을 논구하여 주희의 性卽理論과의 연관성을 찾고, 주희의 태극사상이 명의 중·후반기에 어떠한 영향을 미쳤는지에 대해 논구하고자 한다. 주희보다 340여년 뒤에 태어난 왕수인이 살았던 시대인 明에서 주자학이 이미 관학으로 서의 지위를 확고히 자리 잡은 후였으며, 격물치지에 관한 해석도 주희의 해석이 정설로 인정되던 시기였다. 하지만 왕수인은 주희의 격물치지론에 이의를 제기하며, 새로운 격물치지에 관한 자신의 해석을 제기하였다. 왕수인의 격물치지론은 주희의 격물치지론에 대한 논박으로 제기된 만큼, 주희의 격물치지론에 대한 자신의 문제의식을 드러내었다.

> 내가 말하는 치지격물은 내 마음의 양지(良知)를 사사물물에서 극진히 이루는 것이다. 내 마음의 양지는 바로 천리이다. 내 마음에 있는 양지의 천리를 사사물물에서 극진히 이루면 사사물물은 모두가 다 그 리를 얻게 된다. 이처럼 내 마음의 양지를 극진하게 이루는 것이 바로 치지이며, 사사물물이 모두 그 리를 얻는 것이 바로 격물이다.[130]

위의 인용문에 의하면, 치지는 내 마음의 양지를 극진히 이루는 것이며, 격물은 사사물물이 모두 그 리를 얻는 것이다. 여기에서 격물과 치지의 의미가 무엇인지를 알기 위해서는 이것에 관한 왕수인의 생각과 환경을 살펴볼 필요가 있다. 젊은 시절의 왕수인은 주희가 말한 격물궁리에 대한 권면을 따르고 경험하기 위해 대나무 밭에서 7일간을 사색하며 자연에 대해 궁구하였지만 실패했다. 그 뒤 왕수인은 항시 '리는 어디에 있는가?'라는 명제를 놓고 고심하다 귀향지인 용장에서 '심즉리(心卽理)'를 깨달으며 성인의 도를 알게 되었다.[131] 이것은 맹자가 말한

---

130) 『王陽明全書』, 「傳習錄」, 若鄙人所謂致知格物者 致吾心之良知於事事物物也 吾心之良知 卽所謂天理也 致吾心之良知之天理於事事物物 則事事物物皆得其理矣 致吾心之良知者 致知也 事事物物皆得其理者 格物也.
131) 진래, 안재호 역, 『송명성리학』, 예문서원, 2011, p.368 참조.

"만물이 모두 나에게 갖추어져 있다.."132)라는 의미와 같은 뜻으로서 리를 밖에서 찾는 것이 아니라 자신의 내면에서 리를 찾아야 한다는 깨우침이었다.

왕수인은 '심즉리론'에서 격물을 正心으로 해석하면서부터 그의 격물치지가 시작되었다. 왕수인은 격을 正으로 物을 意念之所在로 해석하였는데 이것은 곰心에 리가 존재해 있음을 전제로 해야만 가능한 것이다. 따라서 심즉리의 주장은 왕수인에 있어서 필연적일 수밖에 없었다. '심즉리'라는 의미는 '人心卽天理'라는 뜻으로 "만사만물의 理는 내 마음 밖에서 구하는 것이 아니다."133)라는 신념을 갖기 시작하였다.

그리고 왕수인은 '심즉리' 외에 心外無事 및 心外無理를 전제로 하여 심과 리, 심과 事에 관한 문제를 대할 때 인식의 주관과 대상을 분리하여 해석하지 않았다. 사실 그는 心은 虛靈不昧하나 心外無事, 心外無理라는 근거를 바탕으로 "마음이란 텅 비었지만 영묘하고 어둡지 않으며 모든 리가 갖추어져 있으므로 만사가 여기에서 나온다. 마음 밖에 리는 없으며, 마음 밖에 또한 事도 없다."134)고 하였다. 왕수인의 이 말은 心에 대하여 物이 있는 것이 아니라 심이 있기 때문에 비로소 物이 있다는 의미인 것이다.

다음은 성인과 일반인의 미발공부와 정시공부를 놓고 주희와 왕수인과의 동이점을 찾아 서로의 관련성을 찾아보고자 한다. 주희는 성인과

---

132) 『孟子』, 「盡心」上, 萬物皆備於我.
133) 『陽明全書』 卷2, 答顧東橋 夫萬事萬物之理 不外於吾心.
134) 『王陽明全書』, 「傳習錄」, 心虛靈不昧 衆理具而萬事出 心外無理 心外無事.

일반인의 미발을 대하는 것이 같다고 말했을 뿐만 아니라, 때로는 다르다고 말하기도 하였다. 그러나 미발시에 요순과 일반인이 전부 하나라고 말하였다는 것은 두 부류의 미발이 같다는 의미이다.[135] 주희가 기질의 혼탁으로 말미암아 부중의 미발이 있다고 여겼는데 그러나 그것은 일반인의 미발을 의미하였다. 희노애락이 미발하지 않으면 중이라고 말한다.

그것은 아무리 사려가 싹트지 않았을지라도 아주 가늘고 가는 털만큼의 사욕마저도 없어서 자연스러워 어긋남이 없다.[136] 미발시에 부중이 있어도 존양하면 성인이 될 수 있고, 존양하지 않는다면 미발시 중이어도 부중이 될 수 있다는 뜻이 포함되어 있다. 이 때문에 주희는 미발시 존양의 필요성을 강조하였다. 만약에 미발시에 존양으로 사려가 싹트지 않았더라도 지각이 어둡지 않다는 것이다.[137] 미발시에 그와 같은 공부로 중이 된다는 것이다. 이런 미발의 중은 사려가 생기지 않은 상황에서도 조금의 사욕이 없다면 전혀 어긋나지 않는다고 한다.

이것과는 다르게 왕수인은 인간에게는 원래부터 中和가 있다고 말하면서 중은 미발의 중이고 화 또한 이발의 화이므로 그는 인간에게 원래 미발의 중이 있다고 생각했다. "인간에게 본성은 전부 선하고, 中和는 사람마다 처음부터 갖고 있는 것이니 어찌 그렇게 없다고 말할 수 있겠

---

135) 『朱子語類』卷2, 「論語」8, 曰 未發之時 自堯舜至於塗人 一也.
136) 『朱子語類』卷62, 喜怒哀樂未發謂之中 只是思慮未萌 無纖毫私欲 自然無所偏倚.
137) 『晦庵先生朱文公文集』卷31, 「答張欽夫」, 未發之前 是敬也 固已主乎存養之實
已發之際 是敬也 又常行於省察之間 方其存也 思慮未萌而知覺不昧.

는가?138) 그것은 존양공부로 인한 것이 아닌 미발의 중이 인간에게 본래 있다고 왕수인은 생각했고, 그러한 생각이 주희와는 공통점이다. 왕수인은 성인이 미발의 중에서 제자리에 천지를 위치시키고 만물이 자라도록 한다고 말하였다.139) 그러나 왕수인은 당시 일반인에게는 미발의 중이 없다고 말한다. 본래 인간은 미발의 중이 있기 때문에 체험할 수 있지만, 그 당시의 사람들은 그렇지 못하다는 것이다.

왕수인은 '심즉리'라는 의미에 대해서 '人心卽天理'라는 뜻과 같음을 말하며, 인간의 稟生以前은 理로써 설명하였고 稟生以後는 心으로 설명하였으며, 원래는 理 하나뿐이지만 그러나 인간에게 품부된 것이 심이며 性이고 良知라고 하였다. 즉, 품부된 각각의 사물들에 따라서 그들의 명칭이 다른 것뿐이지 근원적인 원리는 오직 리 하나일 뿐이다. 따라서 "身의 주재자는 心이 되고 심이 발하는 것은 意가 되며, 의의 본체는 앎(知)이므로 의가 있는 바가 곧 物이 되는 것이다."140)는 설명이 가능해진다. 그래서 왕수인은 각각 신·심·의·지·물의 다섯 가지와 성=심=양지를 별개로 보기보다는 모든 것들을 리 하나로 보는 통일적 사고로 설명하고 있다.

왕수인은 특히 양지 명칭에 대한 깊은 애착을 가졌다. "마음이란 몸의 주인으로서 마음이 텅 빈 가운데 밝고 깨닫는 것, 즉 虛靈明覺을 대체

---

138) 『王陽明全集』上 卷1, 「語錄」1, 人性皆善 中和是人人原有的 豈可謂無?
139) 『王陽明全集』上 卷1, 「語錄」1, 聖人到位天地 育萬物 也只從喜怒哀樂未發之中上養來.
140) 『陽明全書』卷1, 身之主宰便是心 心之所發便是意 意之本體便是知 意之所在便是物.

적으로 본연의 양지라고 하였다."141) 그리고 "양지는 대체로 하나이고

妙用 입장으로 말하면 신神이라 하고, 流行의 측면에서 말하면 氣라고

하며, 凝聚로 말한다면 精이라고 하였다"142) 양지에 관한 일화가 있는

데 맹자가 말하길 "사람이 배우지 않고도 할 수 있는 것은 良能이라 하

고 생각하지 않고서도 아는 것은 良知이다."143) 맹자에서의 양지는 단

순히 인간의 타고난 인식능력인데 왕수인에 이르러서는 많은 의미를 지

니는 심의 본체로 정립되었다.

공자가 仁이라는 개념 하나로 모든 것을 말할 수 있었듯이 왕수인은

'양지'라는 개념으로 우주와 인간을 설명하고,성인과 선현들의 가르침까

지 포괄적으로 파악하였다. 그러므로 "양지 두 글자는 옛 성현들께서

서로 전한 것뿐 인데 한 점의 適骨血이다."144)라고 하였다. 제자가 풀과

나무에도 양지가 존재하느냐고 묻자, 왕수인은 다음과 같이 대답하였다.

> 사람의 양지는 草木瓦石의 양지와 같다. 만약에 초목와석에 양지가 없다
> 면 어찌 초목와석만 그러하겠느냐. 천지에 사람에게 양지가 없다면 역시
> 천지가 될 수 없는 것이다.145)

왕수인에게 있어서 양지는 이처럼 만물과 통하는 만물일체 · 천인합일

· 물아일체를 말하는 근거가 된다. 양지는 단지 눈으로 보고 귀로 얻어

---

141) 『陽明全書』 卷1, 心者 身之主也 而心之虛靈明覺 即所謂本然之良知也.
142) 『陽明全書』 卷1, 夫良知一也 而其妙用而言謂之神 以其流行而言謂之氣 以其凝聚
    而言謂之精.
143) 『孟子』, 「盡心章」, 人之所不學而能者 其良能也 所不慮而知者其良知也.
144) 『王陽明全書』, 「傳習錄」, 良知二字 實千古聖賢相傳 一點適骨血也.
145) 『王陽明全書』, 「傳習錄」, 人的良知 就是草木瓦石之良知 若草木瓦石無人的良知不
    可以爲 草木瓦石矣 登惟草木瓦石爲然 天地無人的良知 亦不可爲天地矣.

들어서 아는 지식이 아니고, 심의 본체로서 선천적이며 中의 상태로서 마음이 넓고 아무 거리낌 없이 공정한 상태로서 일체가 고요하여 움직이지 않는 상태의 모습이다. 양지는 모든 행위에 대한 법칙이고 시비의 척도로서 본래부터 사람마다 가지고 있으며, 모두 똑 같은 본래의 모습이다..146) 그러므로 양지는 하나의 천리이며 자연스럽게 흘러나오는 明覺인 것이다. 그러나 아무리 양지일지라도 인심에 욕심이 있으면 그 사사로운 욕심에 가려지고 막혀서 밝게 드러날 수가 없게 된다.

양지가 우리 안에서 존재하므로 "아버지를 보면 자연스럽게 효도할 줄을 알고, 형을 보면 스스로 공경할 줄을 안다. 어린아이가 위험한 물가로 가면 저절로 측은하게 여길 줄을 아는 것이다."147) 그렇지만 양수인은 "양지는 본래 자기 스스로 밝다. 그러나 기질이 아름답지 못한 사람은 찌꺼기가 두텁게 막혀 있어 開明이 쉽지 않지만, 기질이 아름다운 사람은 찌꺼기가 두텁지 않고 막힌 것이 많지 않아 약간의 致知 공부를 하면 양지는 스스로 빛나고 밝아지게 되어있 다."148) 이러한 까닭에 양지의 밝음 그대로를 잘 보존하고 확충시키는 것을 양수인은 강조하였다. 이것이 바로 치양지(致良知)인 것이다.

'치양지'란 말은 『대학』의 致知에서 온 말로써 知를 대신하여 양지가 들어간 말이다. 왕수인은 치지를 다음과 같이 해석하였다. "致는 至이

---

146) 張起鈞·吳治, 宋河璟·吳鍾逸 譯, 『中國哲學史』, 一志社, 1984, p.425.
147) 『王陽明全書』,「傳習錄」, 心自然會知見父自然之孝 見兄自然之弟 見儒子入井自然之側隱 此便是良知.
148) 『王陽明全書』, 같은 곳, 良知本來自明 氣質不美者 渣滓多障蔽厚 不易開明 氣質美者渣滓原少 無多障蔽 略加致知之功 此良知便自瑩徹.

다. 만약에 喪을 당했을 때에 슬픔을 다 한다 에서 '다 한다'라는 말과 같다……앎(知)을 다한다고 말하는 것은 후대에 유가들이 말하는 바와 같이 그러한 지식을 넓히고 채우는 것을 의미하는 것이 아니다. 내 마음으로의 양지를 다 할 뿐이다."149) 여기에서는 致가 확충한다는 뜻으로 사용되었다. 양지라는 말의 의미는 살펴본 대로 사람의 마음(心)속에 본래부터 존재하고 있는 능력으로서 이 능력을 우리가 생활 속에서 확충한다면 그것이 바로 '치양지'가 되는 것이다.

왕수인은 양지의 확충을 위해서 꾸준히 노력할 것을 제자들에게 당부하였다. "양지양능은 보통 사람과 성인이 동일하다. 그러나 오직 성인만이 그 양지를 모두 발휘할 수 있지만 보통 사람은 발휘가 불가하다. 이것으로 성인과 보통사람이 구분되는 것이다."150), "사람들의 가슴 속에는 각기 성인이 있다. 다만 스스로 믿음이 부족하여 스스로 묻어버리고 만다."151) 성인을 가슴에 두고 있다는 것은 양지를 가지고 있다는 것이다. 모든 사람이 똑같이 양지를 가지고 있지만 여러 장애로 말미암아 그 밝은 빛을 발휘할 수 없게 된다. 이 장애를 왕수인은 사욕과 인욕이라 하였다. 그것을 제거한다면 양지는 스스로 매우 밝은 빛을 내며 세상에 드러나게 된다. 그것을 이루는 사람이 곧 성인이다.

그러한 성인이 되는 것은 모든 사람들이 실현하고 싶어 하는 꿈이며

---

149) 『王陽明全書』, 「大學問」, 致者 至也 如云喪致乎哀之致……致知云者 非若後儒所謂充廣 其知識之謂也 致吾心之良知焉耳.
150) 『王陽明全書』, 「傳習錄」, 良知良能 愚夫愚婦與聖人同 但惟聖人能致其良知 而愚夫愚婦不能致 此聖愚之所由分也.
151) 『王陽明全書』, 같은 곳, 人胸中各有聖人 只自信不及 都自埋倒了.

이상이다. 그런데 모든 사람에게는 그 이상을 이룰 수 있도록 하는 양지를 갖고 있다. 보통 사람이라도 노력만 하면 성인이 될 수 있는 가능성이 열려 있는 것이다. 양지를 발휘하여 성인이 될 수 있다고 왕수인은 꾸준한 격물공부를 권고하였다.

치양지는 바로 사욕과 기만을 제거시켜 양지에 의하여 최종적으로 도덕성의 기준에 도달하는 것이다.[152] 그러므로 왕수인은 '내가 평생토록 강의한 학문은 단지 致良知 三字일 뿐'이라고 토로하였다. 이처럼 「致良知」는「格物」·「心卽理」·「知行合一」을 총합한 陽明哲學의 중심이 되는 셈이다.

왕수인은 物 자를 리의 소재처로 해석한 주희의 견해에 반대하여 '나의 마음이 발동한 바'곧 意의 소재처로서의 事로 해석하였다.[153] 한편 치지의 해석 때, 치지를 앎의 확장으로 보는 주희와는 다르게 왕수인의 격물치지론을 이해하고자 할 때 양지는 핵심이 되는 개념이다.

양지는 맹자에 의하여 제창되고 왕수인에 의하여 더욱 발전된 개념이다. 맹자는 양지에 대해여 "사람이 배우지 않아도 할 수 있는 것은 양능이고, 생각하지 않고도 아는 것은 양지이다."[154]라고 하였다. 주희가 말한 치지가 밖의 사물 속에 존재하는 리를 받들이는 것을 가정하고 있다면, 왕수인의 치지는 내 마음에 처음부터 천리로서의 양지가 존재하

---

152) 이지현, 「왕양명에서 치양지의 역동적 실천성 연구」, 이화여대 박사논문, 2014, p.65.
153) 『王陽明全書』, 같은 곳, 心外無物 如吾心發一念孝親 卽孝親便是物.
154) 『孟子』, 「盡心章」, 人之所不學而能者 其良能也 所不慮而知者 其良知也.

는 것을 가정하고 있다. 따라서 왕수인의 격물은 밖의 리를 궁구하는 것이 아닌 내 마음속에 있는 양지를 따라 사물을 바르게 하는 것을 의미한다.[155] 그러므로 격물과 치지의 의미를 이와 같이 규정하면 내 마음의 양지를 이루는 것으로 치지와 사물이 그 리를 얻게 되는 것으로서의 격물의 관계도 확실해진다.

주희의 '성즉리'가 그의 리학의 핵심이라고 한다면, 왕수인 양명학의 핵심은 '심즉리'에 있다. 특히 왕수인의 知行合一이나 치양지는 '심즉리'를 바탕으로 세워진 이론이라 한다면, 주희의 이기론은 '성즉리'를 바탕으로 세워졌으므로 주희의 심과 왕수인의 심은 의미면에서 큰 차이를 보인다. 주희는 심통성정을 말하면서 "성은 마음의 리고 정은 성의 움직임이며 마음은 성정(性情)의 주인이다."[156]라 하였고, "성은 체, 정은 용"[157]이라 말하지만 그의 이른바 性之動은 성이 동을 갖고 있거나 動 가운데 있는 것이 아니라 심이 동정을 가지는 것은 오직 기로서 설명이 되어지는 것이다. 그러나 성은 리로서 무동정이지만, 리로서 말해질 때 그것은 동정의 所以가 되는 것이다.

왕수인은 주희와 같이 심과 성, 리와 기에 대해 이원적으로 확실한 구분을 하 지는 않았다. 왕수인의 경우 理 · 心 · 意 · 知 · 物이 하나로 일체화 되는 상황을 논구하였는데 여기에서 리의 응취와 의식, 지각, 감응 등 일체의 활동적인 요인이 심에 있음을 살필 수 있다. 왕수인

---

155) 이상룡, 「양명학의 사회성에 관한 연구」, 대진대학 박사논문, 2010, p.31.
156) 『朱子語類』卷5, 性者心之理 情者性之動 心者性情之主.
157) 『朱子語類』卷5, 性是體 情是用.

은 기와 리의 관계에 있어서 條理的 측면에서 리에 대해서만 주희와 내용을 같이 하였다.[158] 그리고 왕수인이 아무리 心外無理 · 心外無事를 말하여도 理를 性, 氣를 心으로 단정적인 가름은 하지 않은 것이 특징이다.

왕수인의 학문이나 사상들은 주희의 학문이나 사상에 대한 반동의 성격이 매우 짙다. 그가 심혈을 기울였던 심학도 사실은 주희와 논변을 하며 대척점에 있었던 육구연에 의해서 시작된 심학을 계승한 것이기에 육왕학이라 부른다. 그가 조정에 몸을 담고 있을 당시에 많이 경직되고 부패한 관료들의 학문인 정주학자도 많았을 것이다. 그러나 큰 분류로 보면 왕수인의 심학도 유학의 범주에 들어간다. 어떻든 왕수인은 유가사상을 기반으로 불교와 도가사상을 받아들이므로 추후에 이어진 삼교합일의 흐름의 주도를 촉진시켰다. 이렇게 왕수인은 주희의 태극사상[리기사상]에 디딤돌 역할보다는 걸림돌 역할을 견지하였다. 그는 주희와 마찬가지로 말년에는 위학의 시비에 휘말려 어려운 세월을 보냈다.

---

158) 송재운, 『왕양명 심학의 연구』, 동국대학 박사논문, 1985, p.72.

조선성리학의 서신논변

초판 1쇄 발행 2024년 02월 22일

지은이_ 고성주
펴낸이_ 김동명
펴낸곳_ 도서출판 창조와 지식
인쇄처_ (주)북모아

출판등록번호_ 제2018-000027호
주소_ 서울특별시 강북구 덕릉로 144
전화_ 1644-1814
팩스_ 02-2275-8577

ISBN 979-11-6003-702-9(93150)

정가 12,000원